台湾の朝ごはんが恋しくて

台湾大好き編集部

各式小菜
燙青菜 40
蚵仔湯 35
魚丸湯 35
竹筍湯 35

はじめに

普段はあまり朝ごはんを食べない。
けれども台湾に行ったとたん、がぜん朝ごはんを食べたくなってしまう。
ともすれば前の晩、眠るときに次の日なに食べようとワクワクし過ぎて
思わずスマホ検索で深みにハマり、寝不足になることもよくある。

ごはん、おかゆ、麺、サンドイッチ、粉もの、豆乳などなど
台湾の朝ごはんのバラエティの豊富さはハンパではない。
そして朝早くからにぎわう朝ごはん屋さんの活気もまた、ハンパではない。
一度、いつも混んでいる伝統スタイルの朝ごはん屋さんに
朝5時半過ぎごろに足を運んだことがある。
これならまだ誰もいなくてゆっくりできるだろうと思っていたら
すでに先客がいたときの衝撃ときたら！
台湾の人の朝ごはんに対する情熱をヒシヒシと感じた瞬間だった。

朝ごはん屋さん。そこには台湾ならではの朝ごはんカルチャーがあり
外で朝ごはんを食べる、買うことは
地元っ子たちにとっては自然なこと。

だからこそこんなにも豊かで、そしてなによりおいしい。
豆乳ひとつとっても、おかゆひとつとっても、
どの料理にも店主たちの並々ならない気持ちが込もっていて
夜明け前から彼らが汗をかいて作り上げる味わいは、
周りのお客さんのざわめきと相まって最高においしく感じる。

けれどもそんな幸せな思いをすればするほど帰国した後、
あ〜あの朝ごはんが食べたい！　と禁断症状が出てくる。
早く次の旅に行きたい、でも行けないモヤモヤ。
台湾の朝ごはんが恋しくて。恋し過ぎて。
ほんの少しでも日本であの気分が味わえたならどんなにいいか……。
そんな思いが募りに募ってでき上がった一冊です。

完璧に再現、とまでは正直いかないまでも
あのざわめきを、音を、空気を思い出しながら
しばしの台湾朝ごはんトリップをお楽しみいただけたらうれしいです。

台湾大好き編集部

目次

＊レシピは台湾で見聞きしたものを元にして編集部で作ったものなので、調味料の分量などはそれぞれのご家庭にあったバランスでお作りください。
＊店舗情報の電話番号は台湾の市外局番からはじまっています。日本からは国際電話の掛け方に準じておかけください。

おいしい、すてきな台湾の
朝ごはん屋さんと
そこで見聞きした
〝思い出再現レシピ〟

台北で地元の人に評判の朝ごはん屋さんたち。
どこも一本筋の通ったポリシーとそこに至るまでの物語があり、
おいしさに説得力と深みがあった。

そんな店々で出会ったおいしい朝ごはんの秘訣はなにか。

ときには店主さんが懇切丁寧に解説してくれたり、
ときには調理過程を見せてくれたり。
ときには「経験だから」と多くを語らないまでも
それでも教えてくれた材料やヒント、完成品をもとに推測したり。

本書で紹介しているレシピは
そうして現地で見て、聞いて、食べた結果を総合して
〝日本の自宅で作るとしたら〟を念頭に
台湾大好き編集部で試作、研究したものとなっています。

クオリティの高さよりは簡単さ。
いかに最短距離で雰囲気を味わえるかを重視しつつ、
極力編集部のフィルターをかけずに
店で見聞きしたことを尊重したレシピです。

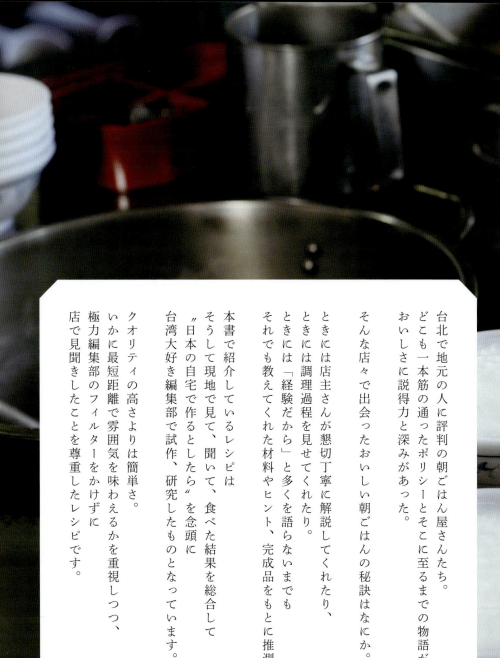

台北っ子たちのいつもごはん

清粥小菜《チンジョウシャオツァイ》

P11 右が店のおかみである林美莉さん、左が娘の詹喩婷さん。かわいい系のおかみさん、シンプル系な娘さんとファッション傾向は違えどエプロンはおそろい。これぞ愛。

✦台北市大同區南京西路233巷20號
電話：なし
営業時間：6時～10時半　日曜定休
✦地図　P185 Ⓑ

晴天の9月、残暑厳しい日の朝6時。台北の古い建物が集まる乾物街・迪化街（ディーホァジエ）の一角に、すでにおじいちゃん、おばあちゃんたちでにぎわいはじめている朝ごはん屋さんがあった。そこは朝だけ営業している昔ながらのおかゆ屋さん。屋外にある大きなステンレスのカウンターには続々とできたての料理が並んでいく。その横では、生米を大鍋でグツグツ煮込んで絶賛おかゆの調理中。その間にも常連さんらしきお客さんがぽつりぽつりとやって来る。常連さんのなかには自分でごはんをよそったりする人もいて、まるで家の台所状態。その自由でゆるい景色にも和む。

7時半ごろ、ようやく20種類ものおかずがすべて作り上げられ陳列される。おかずはあまり油を使わず、煮もの系多め。どれも見るからに健康的かつおいしそうで、実際白がゆのピュアな味わいによく合うものばかり。気づくと料理のでき上がりを見計らってか客足がさらに増えてきた。おかゆプラス2～3品を頼む人が多くて、早朝からわりとガッツリ食べるその姿におじいちゃんおばあちゃんたちのパワフルさを感じずにはいられない。しばらくすると通勤前らしいサラリーマンらしき人もチラホラ。混んでいるときには常連さんのために席や〝いつもの〟おかずを取っておくこともある

營業時間
便當
魯肉飯
雞肉飯
85
30
30

ⓐⓑおかみさん渾身のおかずはどれもおいしくて、どんどん食べたくなる。

ⓒ自分でごはんをよそう常連のおじいちゃん。自由。

ⓓカラリと炒めた「吻仔魚」（しらす炒め）はおかゆとの相性がすばらしい。

P13㊤米ともち米、水だけで作るピュアな白がゆ。できたてを豪快に店先の鍋に移す！

p13㊦おかずは店先に並び、好きなものを伝えて取ってもらうシステム。

らしい。おかずは全部、おかみさんである林美莉さんの手作りだ。道理で店先におかみさんの姿がなかった。彼女はひたすら店の奥にある厨房で奮闘していたのだ。そういえば台湾のいい店ってオーナーが誰よりも働いていたりする。きっとその情熱が料理の味わいになっているのだと思う。

この店「清粥小菜」を、おかみさんが開業したのは１９８４年。おかみさんには店と同じ歳の娘さんがいて、かつては幼い娘さんを背負いながら店を切り盛りしていたそう。その娘さんもいまでは大きくなり、店を継ぐ決意をするまでになった。継ぐことを決めた娘の詹喩婷さんは積極的に店を手伝い、熟練のおばちゃんスタッフたちとともにテキパキと動く。娘さんの話をするおかみさんの表情は明るくて、なんだかうれしそうだった。新しいものがあふれるこのご時世に、昔ながらを継ごうという娘さんの心意気にもじんわり。人情たっぷり、毎日食べたい長年変わらぬ素朴なおかゆとおかずの朝ごはん。家の近くにもこんな店欲しい。

【清粥《チンジョウ》】…白がゆ

コツあれこれ！ 生米から作ること。塩もなにも入れないのが台湾流。「稀飯」（シーファン）とも呼ばれる。

●材料（5〜6人前）

白米　1合
もち米　0.5合
水　適量

●作り方

①白米ともち米を水でよく洗い、炊飯器に入れる。
②水をおかゆの目盛りより気持ち多めに入れてスイッチオン。
③でき上がったらよく混ぜて。水気が少なければお湯を足してもOK。

●鍋で作る場合

①お湯を鍋で沸かす。白米ともち米を洗う。
②お湯が沸騰したら洗った米を入れる。
③米が柔らかくなるまで煮る。目安は15分ほど、お湯が少なくなれば注ぎ足しながら煮ること。

【吻仔魚《ブラヒ》】…しらす炒め

コツあれこれ！ しらす自体に味があるので余計な味つけ不要！おにぎりに入れてもおいしそうなおかゆのお供。

●材料（4〜5人前）

しらす　1パック（130〜140g）
ショウガ　約20g
ネギ　½本
砂糖　少々
サラダ油　少々
ゴマ油　少々

●作り方

①ショウガを細切りに、ネギを細かく小口切りにしておく。
②熱したフライパンにサラダ油を引き、ショウガを入れて香りが立つまで炒める。
③しらすとネギを加えて炒め、砂糖少々も入れる。
④焦げないよう木べら等で混ぜながら、具材がカラリと水分が飛ぶまで弱火で煎る。
⑤最後に少しゴマ油を加えて混ぜて完成。

台湾昔ながらの定番朝ごはんといえば、おかゆ。いまでこそ粉ものやパン類に押され気味ではあるものの、やっぱり根強い人気。お供の料理も種類豊富で朝から元気間違いなし！

おかゆは鍋で作るのが本場だけれど、家なら炊飯器でも十分。

思い出再現レシピ

清粥小菜

【瓜《グァ》仔《ズ》肉《ロウ》】…ひき肉とウリの漬けもの煮込み

●材料（3〜4人前）

ウリの漬けもの
（瓜仔がなければキュウリ漬けや奈良漬けなどでも可）　約65g
豚ひき肉　約230g
しょうゆ　大さじ1〜2
砂糖　大さじ1
水　約200〜250ml

●作り方

①ウリの漬けものを水洗いし、5mmほどに細かく刻んで豚ひき肉に混ぜる。
②水、砂糖、しょうゆを鍋に入れて沸騰させる。
③①を鍋に入れてその間焦げ付かないようずっとかき混ぜながら、約15分煮込む。

肉と漬けものの甘じょっぱいパンチ力。そのままでもおいしいけれど、白がゆにかければウマさ倍々。汁ごとすくっておかゆにかけていただきます！

瓜仔はウリの漬けものという意味なので、店や家庭、既製品ならメーカーによって素材や味つけが違う。これは香瓜という若いメロンに黒豆を入れて作った台湾家庭の自家製瓜仔。

編　キュウリの漬けものには豆豉（ドウチ）を少し入れると瓜仔のような深みが増した！

【豆皮《ドウピー》】…湯葉のくたくた煮

●材料（2人前）
揚げ湯葉　約70〜80g
ニンジン　約30g
セリ　2本
塩　少々
砂糖　小さじ1
しょうゆ　小さじ1
サラダ油　少々
水　適量

湯葉を揚げた「豆皮」は台湾ではよく出会う食材のひとつ。その豆皮を柔らかく煮て、やさしく味つけした、風味も食感もおかゆにぴったりのおかず。

●作り方
①ニンジンを細切りに、セリの葉を落として茎を小口切りにする。セリの葉は使わない。
②鍋に切ったニンジンと揚げ湯葉、それらが浸るほどに水を入れて15〜20分弱火で煮込む。揚げ湯葉がくたくたになるまでしっかりと。途中で水がなくなってきたら水を加える。
③揚げ湯葉がくたくたになったら箸で一口大に裂く。
④しょうゆ、砂糖、セリを入れる。
⑤仕上げにサラダ油と塩を加えて完成。

コツあれこれ！

台湾で揚げ湯葉を買う場合は「豆皮」という名前でスーパーや市場で売っているのでそれを。

編　揚げ湯葉がないなら乾燥湯葉でも可。その場合はサラダ油を気持ち多めに。

朝からニンニクなパワフル麺！

屏東任家涼麺《ピンドンレンジャーリャンミェン》

P19 左がオーナーの任國全さん、右が息子さんの中豪さん。任さんのソフトなダンディ具合と息子さんのちょっと尖ったイマドキな感じが店の看板にマッチしていい感じ。

✦台北市松山區富錦街535號１樓
電話：（02）2749-4326
営業時間：６時半〜14時　日曜定休
✦地図　P185 Ⓔ

感度の高いオシャレなショップやカフェが点在する台北松山空港近くの富錦街（フージンジエ）、その通りをもう少し奥まで歩いて行くと――この「屏東任家涼麺」に出会う。黄色い地色に真っ赤な文字の巨大看板がまぶしい。小高くなった店の入り口、そのガラス扉を開けると中には黙々と麺をほおばるおじさんたちが詰まっていた。ただ麺と向き合うその姿に、麺のおいしさへの期待が高まる。

　この店で売っているのは冷やし中華のような汁なし麺だ。客席に隣接する厨房で大量の麺を茹でては冷まし、大豆油であえている。その麺を皿に盛り、キュウリ&もやしを少々トッピング。続いて上からゴマだれ、しょうゆ、酢、砂糖、自家製ラー油、そしてすり下ろしたニンニクをオン！　そのニンニクの大量かつ強烈なインパクトが、甘酸っぱい調味料と恐ろしいほどのマッチングをみせる。自家製ラー油の辛さも想像以上にビビッド。この麺にはみそ汁を合わせるのが定番スタイルだそうで、確かに周りを見るとみそ汁オーダー率が高い。けれど飲んでビックリ、みそ汁が甘い！　聞けば砂糖入りという衝撃の事実。え、と思いつつも麺、みそ汁、麺、みそ汁と繰り返し食べるうちにこれぞ相棒とハマっていく不思議な組み合わせ。眠い朝も、この麺を食べると辛さとおいし

CLASSIC
CHOPPER

ⓐ涼麺の相棒は甘いみそ汁。

ⓑ自家製ラー油は販売もしている。スプーンですくい上げると赤く澄んだルビーのように美しい。

ⓒ屋外席は日差しポカポカ。

P21㊤強い味つけのわりにさっぱりしているので、夏の食欲がない日にもスルッと食べられる。

P21㊦厨房を外から望む。常に麺が茹でられていた。

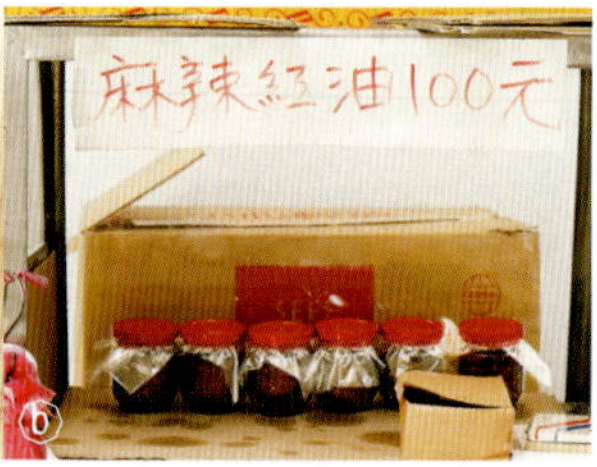

さで口から目が覚めていきそうな、そんな味わいだった。

麺はこんなにも強めなのにオーナーの任國全さんは相反するようなやさしげな風貌だ。生まれは台湾南部の屏東（ピンドン）で、一族のルーツは中国の四川省。涼麺店は小さいころにお母さんが屏東ではじめたもので、大学進学のために台北にやって来た任さんがこの場所で店を開業して23年になる。四川というと辛いものの本場だが、任さんの作り出す自家製ラー油のクオリティもまさにしかり。トウガラシや山椒を何ヵ月も冷蔵庫で寝かせて作る特製で、その辛さは劇的。辛いもの好きとしてはたまらずおいしいと伝えたら、店で売っているビン入りラー油のフタを何重にもグルグルとテーピングしながら「飛行機で漏れないようにするから、持って帰りなさい」とお土産にくれた。

いまは、以前フォトグラファーをしていたという息子さんが後継ぎとして店を手伝う日々。看板の前で撮らせてもらった2人の写真に、この麺屋さんはまだまだおいしいを提供し続けてくれるんだなとうれしくなった。

思い出再現レシピ

台湾おじさんたちのパワーチャージ麺。ぎらりと効いたニンニクとラー油で食べるごとに目が覚めるような力強さながら、酢の爽やかなさっぱり感もあり。

屏東任家涼麺

【涼麺《リャンミェン》】…台湾式冷やし中華

●材料（1人前）

冷やし中華用の麺　1人前
キュウリ　約5cm
もやし　お好み
ニンニク（チューブタイプのすり下ろしで可）小さじ1
ゴマだれ　大さじ1
サラダ油　小さじ1
ラー油　お好み

A
しょうゆ　小さじ2
酢　小さじ1と½
砂糖（お湯小さじ1ほどで溶く）　小さじ1

●作り方

①沸騰したお湯で麺を茹でる。茹で加減は麺の袋に書いてある指示に従う。このとき麺を茹でている湯で砂糖を溶いておく。
②麺をよく水で冷まし、サラダ油で和える。
③麺を冷ましている間にもやしはさっと茹でて、キュウリは細切りに。Aの調味料を混ぜ合わせておく。
④冷ました麺を皿に盛り、上にキュウリともやしをのせる。
⑤ニンニクのすり下ろし、③の調味料、ゴマだれをかけて完成。お好みでラー油を足してどうぞ。

編　ゴマだれはしゃぶしゃぶ用の既製品でもうまくできた。ニンニクはほどほどに。

朝3時半仕込みのピュア豆乳

新鮮豆漿店《シンシエンドウジャンディエン》

P25 姉妹のように仲良しポーズのおかみさんの周津妃さん（左）と娘の林宛均さん。パワフル＆ラブリーな二人。偶然のおそろいピンクコーディネートも決まってる！

✦ 台北市大安區潮州街35號１樓
電話：（02）2392-1915
営業時間：５時半〜12時半
無休（旧正月５日間は休み）

✦ 地図　P185 Ⓖ

　創業は１９５５年。台北の中正紀念堂近くで長年営業してきたが、いまの店舗はＭＲＴ古亭（グーティン）駅とオシャレな街として観光にも人気が高い永康街（ヨンカンジエ）の中間あたりにある。便利な立地ながらのどかな住宅街で、何気なく朝通るといつも誰かしらお客さんがいるなと思っていた。彼らのお目当てはなんといっても店名にもなっている新鮮な豆乳だ。その仕込みは朝3時半にはじまる。大豆を丁寧に下ごしらえして煮込んでいく。それを裏ごしし、手間ひまかけて混じりけのない滑らかな豆乳が生み出されるのだ。創業当時から変わらずにずっと作り続けられてきた味は、毎朝の気持ちを整えてくれそうなフレッシュ感。砂糖入りで甘いのも、干しエビやしょうゆで味つけしたスープ仕立てのも、どちらもおいしい。豆乳を飲んでいるうちに、この店がこんなにおいしいと知らずに何度も何度も通り過ぎていたことを思い切り悔やんだ。

　もちろん豆乳以外の面々も粒ぞろい。ナンとパンを融合したような台湾の焼きもの「焼餅」（サオビン）は薄めでゴマたっぷりめ、パリッとした焼き加減が香ばしい。普通ならここに玉子焼きを挟んで……となるのがポピュラーだが、ここでは野菜と果物を挟んだバージョンがあるという。興味津々頼んでみる

早上 5:30
~
中午 12:30
週一至週日
皆有營業
0937-46-3456
三代老店
創立於1955年
新鮮豆漿店
廣東汕頭
(原杭州南路愛國東路口)
蔥油餅
飯糰

ⓐ野菜モリモリ焼餅夾蔬果。使う野菜はオーガニック。
ⓑ饅頭夾蛋は玉子焼きにネギ、塩コショウふんだんで味しっかり。
ⓒ飯團（おにぎり）も創業当時からの人気メニュー。
ⓓコテさばき美しく、鉄板上で次々と料理が作られていく。
P27㊤看板料理の鹹豆漿。どんぶりなみなみが台湾らしい。
P27㊦店の表にある台で、流れるように油條を作る娘さんの手さばき。

と、出てきたのはレタスがあふれんばかりの焼餅。シャキッとレタスとパリッと焼餅の食感、リンゴとレーズンの甘み、調味料を入れていないので野菜そのものの味がする。ちょっとおもしろい。台湾で旅をしていると野菜を食べる機会がともすると少なくなりがちだけれど、そんなときにもこれはうれしいかも。ほかの粉ものもすべて手作りでどれもこれもいいお味。

次々と料理を作りながらも、おかみさんである周津妃さんは元気よくしゃべりながら対応してくれる。おかみさんは二代目の林立培さんの奥様で、娘の林宛均さんとスタッフの男子とともに店を切り盛りしている。一代目はそもそもは中国の広東省潮州の人で、台湾に渡って来てから朝ごはん屋さんをはじめた。それを代々受け継いで娘さんで三代目。粉をこねる娘さんの手つきは慣れたもので、目の前であっという間に油條を作り上げていた。彼女たちのチャキチャキ動く姿に見惚れながら、鉄板から漂うコショウの香りに酔いしれながら、こういう朝もいいもんだなと感慨深かった。

新鮮豆漿店

【焼餅夾蔬果《サオビンジアーシューグオ》】

…サオビンの野菜果物サンド

●材料（1人前）

*焼餅の材料と作り方はP154を参照。

レタス　1〜2枚
リンゴ（スライスしたもの）　2枚
トマト（スライスしたもの）　2枚
レーズン　お好み
マヨネーズ　お好み

●作り方

①焼餅を作る（P154を参照）。
②焼餅を焼いている間に挟む食材を洗い水をきっておく。リンゴとトマトは4分の1にカットし、薄くスライスする。
③でき上がった焼餅を開いて、②の食材を挟む。
④お好みでマヨネーズを食材にかけて、レーズンを挟んで完成。

焼餅（サオビン）とは、台湾ではおなじみのパンとナンの融合したような食べもの。そのまま食べたり玉子を挟むのが定番だが、野菜と果物というのも爽やか。

コツあれこれ!

・野菜の水はよく切っておく。
・店ではマヨネーズなど調味料は一切入れていなかった。味つけはお好み次第。

編　リンゴのしゃくしゃくとした食感と甘さがアクセント。マヨはありがおすすめ。

ふっかふかの饅頭はそれだけでも幸せの味。そこにさらに玉子焼きをインするのが台湾っ子たちの定番スタイル。これと豆乳があれば朝は完璧、神コンビ。

【饅頭夾蛋《マントウジァーダン》】

…台湾蒸しパンの玉子焼き挟み

●材料（1人前）

*饅頭の材料と作り方はP160を参照。

卵　1個
ネギ　少々
サラダ油　少々
塩、コショウ　お好み
醤油膏（台湾のトロみのあるしょうゆ）　お好み

●作り方

①饅頭を作る（P160を参照）。
②饅頭が蒸し上がったら、溶き卵にネギと塩を入れてよく熱したフライパンにサラダ油を引いて焼く。玉子が焼き上がったら表面にコショウをふりかける。
③饅頭に切り込みを入れ、②の玉子焼きを挟む。お好みで醤油膏をかける。

コツあれこれ！

醤油膏はなければ作っても（P167参照）。

編　醤油膏の代わりにケチャップにすればちょっと洋風、それはそれでいい感じ。

ベーシックスタイルの鹹豆漿は、素材もシンプルで作りやすい。おかみさん曰く「入れる順番が大事なの！」。厳守して作ればあっという間に美味の完成。

新鮮豆漿店

【鹹豆漿《シェンドウジャン》】…豆乳のスープ

●材料（1人前・お椀1杯分）

豆乳　180〜200㎖
桜エビ　お好み
ザーサイ　小さじ山盛り½
切った油條（揚げパン。作り方はP152参照）3〜4かけ
ネギ（小口切り）　お好み
しょうゆ　小さじ1
酢　小さじ1〜1.5
ゴマ油　少々
ラー油　お好み

●作り方

①ザーサイはみじん切りに、油條は2㎝ほどの幅にカットする。
②豆乳を温める。弱火で吹きこぼれないよう注意して。
③豆乳を温めている間にお椀に材料を入れておく。桜エビ、ザーサイ、ネギ、油條、しょうゆ、酢、ゴマ油の順番で。
④豆乳が十分温まったら③の器に豆乳を入れて、お好みでラー油をたらす。

コツあれこれ！

代用食材やアレンジについてはP137を参照。

編　台湾で食べるとだいたいどんぶりサイズだけれど、家ならお椀でも満足感アリ。

STAUR

中秋節の、あの味を毎日

烤《カオ》司《スー》院《ユェン》

P33 中央がオーナーの王拉拉さん。店のスタッフたちはみんな働き者で、連携のよさに関係のよさが感じられた。おそろいのエプロンがすてき！

✦台北市中山區天津街16號
電話：（02）2563-8360
営業時間：7時～13時　日曜定休

✦地図　P185 Ⓑ

堂々たる台北駅の北東のとある通りに、お昼ともなると若い女子たちであふれかえるサンドイッチスポットがある。それがここ「烤司院」だ。看板はパンチの効いたゴールドまぶしい巨大な漢字表記ながら、内装は白いレンガ風の壁や御一人様が寂しくないように……と鎮座している大きなクマの人形がどことなくガーリーな世界観。店に着いたのは11時半とランチに少し早い時間だったにもかかわらず満席で、朝の情景もしかりらしい。よくよく見ると女子たちの間におばさまや男性の姿もチラホラ。そんな彼らが一心にほおばっていたのは、なんとも肉々しい分厚いサンドイッチだった。

台湾には「中秋節」（ゾンチョウジエ）という伝統行事がある。それは旧暦8月15日に家族が集まって団らんを過ごす一年のうちでも大きな祝日のひとつで、この連休になるとたくさんの人が故郷へと帰る様子を目にする。以前中秋節の夜、そうとは知らずに台湾西部にある斗六（ドウリゥ）の街を歩いていたら、軒先のそこかしこでみんながバーベキューをしていて不思議だった。後日台湾の友だちに聞いてみるとそれは中秋節のお約束で、昔から月餅や文旦を食べるのが習わしとされているけれど、それよりもいまはバーベキューだよ！　と。この店のオーナーである王拉拉さんは、そ

烤司院
碳烤
中龍帆布
2596-2406

んな中秋節にバーベキューで焼いた肉をパンに挟んで食べるのが大好きで「毎日食べられたらいいのに」と常々思っていたそう。王さんはもともと銀行に勤めていたが、妊娠を機に退職。その後子育ての時間を確保できる仕事ができたらと考えていたところ、朝オープンして昼には終えられる〝朝ごはん屋さん〟に思い至る。どうせするなら好きなもの、ということで、大好きな中秋節のバーベキューサンドが食べられる店をオープンしたのは2016年の11月だった。

店では食材選びに注力している。豚肉は毎朝5時に市場で絞

ⓐ

ⓑ

ⓒ

めたものを使い、卵は嘉義（ジアーイー）から有機のものをお取り寄せ。パンは1.5㎜とやや厚めにスライスした特注品で、そうすることにより水分を保て柔らかな食感になるのだという。そのパンを炭火で焼き、中に具材をこれでもかとサンド。たとえばこの日食べた「失控起士肉蛋」は味しっかりめの豚肉に目玉焼きとチーズのトリオで、見た目からして幸せの予感しかしない。若い王さんの好きとこだわりが詰まったサンドイッチは、伝統を汲んだ台湾らしいハッピーな味なのだった。だからか、食べ終えたらちょっとテンションもアップ。ランチする女子たちのキャピキャピ感もスパイス。

ⓓ

ⓔ

P34㊤とろりとろけるチーズと半熟玉子のコラボが垂涎ものの「失控起士肉蛋」。

P35㊤店内は若き女子たちでいっぱい、ときどきおばさんと男子。テイクアウトもできる。

ⓐパンは炭火焼。ⓑ鶏肉サンドもウマし。

ⓒ肉の味つけは中華料理のシェフだったというお父さんと相談しながら作り上げている本格派。ⓓ紅茶とよく合う。

ⓔ劇的濃厚な手作りのピーナッツジュース。あればラッキー。

【失控起士肉蛋《シーコンチースーロウダン》】…豚肉と目玉焼きのチーズサンド

●材料（1人前）

食パン（6枚切り）　2枚
豚肉（ショウガ焼き用）　2枚
チェダーチーズ（とろけるタイプ）　1枚
卵　1個
サラダ油　少々
台湾マヨネーズ（美乃滋）　お好み

A
塩、コショウ　少々
しょうゆ、ニンニク
コショウ（すり下ろし）　各小さじ¼
酒（料理酒）　小さじ½

●作り方

① ビニール袋に豚肉とAの調味料を入れてよく揉み込み、冷蔵庫で一晩置く。
② パンは耳を切り落としてオーブンで軽く焦げ目がつくくらい焼く。その間によく熱したフライパンにサラダ油を引き、①を焼く。
③ 肉が焼けたら目玉焼きを作る。
④ 焼いたパン2枚それぞれの片面に台湾マヨネーズを塗り、豚肉、チーズ、目玉焼きの順にのせて、マヨネーズの面を内側にしてパンで挟む。

コツあれこれ!
チーズは肉と目玉焼きの余熱でとろけてくれる。

【花生醬肉蛋《ホァセンジャンロウダン》】…豚肉と目玉焼きのピーナッツクリームサンド

●材料（1人前）

ピーナッツクリーム　お好み
＊これ以外は上記「失控起士肉蛋」とほぼ同じ（チェダーチーズのみ不要）

●作り方

① 「失控起士肉蛋」の①〜③と同様に作る。
② 焼いたパン2枚それぞれの片面に台湾マヨネーズを塗り、その上にピーナッツクリームをたっぷりと塗る。そこに豚肉、目玉焼きの順にのせてマヨネーズとピーナッツクリームの面を内側にしてパンで挟む。

はちきれんばかりのボリューミーなサンドイッチは、いまや定番の朝ごはん。店ではパンを炭火で焼いているけれど、家で作るならお手軽にトースターでどうぞ。甘～い紅茶と合わせればたまらない、止まらない！

編 目玉焼きは断然半熟がおいしい！　黄身がとろけるくらいがベスト。

愛あふれる癒しのおかゆ

何家油飯《ハージャーヨウファン》

P39 ご主人の何得鉦さんと奥様の謝美玉さん。撮影直前に調理でにじんだ汗を拭いながら、寄り添うようににっこりと。後ろに掛かる味あるメニューは何さん作。

✦台北市大同區民生西路66巷21號
電話：（02）2543-4659
営業時間：7時～14時
土・日曜・祝祭日定休
✦地図　P185 Ⓑ

台北観光で朝市といえばココ！　な、雙連市場（シュアンリエンシーチャン）はアクセスと雰囲気のよさからいつも多くの人でにぎわっている。地元っ子の買いもの場所でもあり、朝の活気は行くだけで心ウキウキ。その雙連市場の前の大通り、民生西路（ミンセンシールー）を挟んで反対側に「何家油飯」はある。朝市の喧噪が嘘のように静かな住宅街。朝5時45分、店に到着すると、オーナーの何さん夫妻がすでに仕込みの真っ最中だった。

店の奥にある厨房には大きな寸胴鍋2つ、中華鍋2つが火にかけられフル稼働していた。周りにはところ狭しと下ごしらえされた野菜が並ぶ。それらをご主人の何得鉦さんと奥様の謝美玉さんが見事なコンビネーションで次々と料理に仕立てていく。扇風機を回していても追いつかないほど暑い厨房、アツい集中力で、その背中はシャツの色が変わるほどいつしか汗でびっしょり。見ているだけで、この店の料理はきっとおいしい！　と確信できるすてきな後ろ姿にジーンとなる。

ふと、ご主人の何さんがおかゆを作るよと呼んでくれた。寸胴鍋になみなみと沸く湯の中で生米をグツグツ煮込み、その合間に中に入れるサツマイモの準備をしていく。スライサーであっという間に細切りにしたサツ

清粥小菜
油飯
魯肉飯粥
瓜仔肉飯
白飯
清粥
赤肉羹
金針湯
小菜 青菜
魯蛋 鹹蛋 魯豆腐
荷包蛋
燙青菜
瓜仔肉飯套餐 80元
魯肉飯套餐 80元
油飯套餐 80元

ⓐ店外観。気をつけないと通り過ぎてしまいそうなさりげなさ。
ⓑ店の中から外を望む。緑が多くて心地よい。ＭＲＴ雙連駅のほど近く。
ⓒイモがゆはできたてから少し置いて、米を膨張させるのがミソとご主人の何さん。
P41 イモがゆ、ニンジンと玉子のやさしい炒めをはじめ、煮込み豆腐や旬の野菜、目玉焼きなどどれもヘルシーさあふれる料理たち。看板料理の油飯もまろやかしょうゆ味で朝にぴったり。

マイモをまさにグツグツ中のおかゆ寸胴鍋に投入。なんだかすでにおいしそう。夢中で見入っているとすでに6時半、そろそろ開店が迫ってきた。

何家油飯の創業は1965年。何さんのお父さんがリヤカーを引いて屋台形式でスタートした。

何さんは小さなころからお父さんを手伝っていたそうだ。当初は油飯と煮玉子がメインメニューだったが、店舗のオープンと同時におかゆも加わった。そして10数年前、もとの店舗が建物の老朽化で取り壊しになることをきっかけに現在の場所に移転して来たのだという。そんなお話を伺っているうちに7時の開店時間を過ぎていた。店でのんびりおかゆを食べるおばあちゃん、油飯をテイクアウトする若い女子。いろいろな年齢層の人々が訪れる。

この店の料理は化学調味料を一切使わず、とても素朴なやさしい味をしている。料理の値段は20年前から変えていない。いたるところにオーナー夫妻の愛があふれたこの店の朝ごはんは忙しいときほど食べたくなるような、そんな癒しに満ちていた。

味にそれほどイモ感はないものの、ほんのりとした食感の違いや甘み、黄色の色味も華やか。おかゆに少しの一手間で、栄養、ビジュアルがグンとアップ!

●何家油飯

【地《ディー》瓜《ゴァ》粥《ジョウ》】…サツマイモがゆ

●材料（5～6人前）

白米　1.5合
サツマイモ　3分の1本
水　適量

●作り方

①白米をよく洗い、サツマイモをスライサーで細切りに。
②①を炊飯器に入れ、水をおかゆの目盛りより気持ち多めに入れてスイッチオン。
③でき上がったらよく混ぜて。水気が少なければお湯を足してもOK。
④しばらく置いて、米を膨張させてふっくらしたら完成。

●鍋で作る場合

白米を湯に入れ弱火で煮る。数分煮たらサツマイモを入れ、米が柔らかくトロッとしてきたら完成。焦げないように混ぜながら、湯が少なくなれば都度注ぎ足して。

コツあれこれ!

店主の何さんはチーズスライサーを使ってサツマイモを細切りにしていた。その際、水を張ったボウルの中にスライスしたサツマイモが落ちるようにしておくとベタつかず調理しやすい。サツマイモを持つ手には軍手をはめて滑り止めに。

編　日本のサツマイモは台湾のものより柔らかいので、煮崩れにご注意。

【滷蘿蔔《ルーロォボー》】…ダイコンの煮もの

●材料（2～3人前）

ダイコン　約200g
カット干しシイタケ　ひと掴み
香菜　お好み
しょうゆ　小さじ1
塩　小さじ½
砂糖　小さじ½
水　約450㎖

●作り方

①ダイコンの皮をむき、乱切りにする。香菜は2㎝幅くらいに切っておく。
②鍋に切ったダイコン、カット干しシイタケ、水、しょうゆを入れて強火にかける。
③沸騰したら弱火にして、ダイコンが柔らかくなるまで煮込む。
④ダイコンが柔らかくなったら塩、砂糖を加え、最後に香菜を入れて少し煮たら完成。

薄味ながら食べ応えよしで、おかゆとの組み合わせにはホッとする。少し多めに作っておいて、夜に再度煮込んで味をしみ込ませてもなかなかにおいしい。

編　ダイコンは小さめに切った方が火の通りが早くて楽。

ほぼ素材の味だけなのに、こんなにもおいしいなんて。ニンジンって甘いんだなぁと再確認させてくれる心も身体も喜ぶ素朴系おかずは、見た目もビビッドでキュンとなる。

何家油飯

【紅《ホン》蘿《ロォ》蔔《ボー》炒《ツァウ》蛋《ダン》】
…ニンジンと玉子のやさしい炒め

●材料（2〜3人前）
- ニンジン　½本
- 卵　1個
- 塩　2つまみ
- サラダ油　少々
- お湯　約400㎖

●作り方
①卵を溶き、お湯を沸かす。ニンジンを横半分にカットし、半分はスライサーで細切りに、もう半分は包丁でやや太めの細切りにする。
②熱したフライパンにサラダ油を引き①の卵を炒める。
③そこにニンジンを太めのものから入れて炒める。
④フライパンに材料が浸るほどお湯をたっぷり加え、フタをして強火でしばらく煮る。
⑤何度かフタを開けて混ぜながら、水分が飛びニンジンが柔らかくなるまで煮る。最後に塩を加えて完成。

コツあれこれ！

ニンジンを2種類の太さにすることで、食べやすさと食感を両方実現するというのがおかみさんのこだわり。

編　途中で加えるのはお湯がベターだが、手早くするなら水でも大丈夫。

于真
精品店
CLEANING
LANRFONG
藍峰
乾
商店
TEL
于真

きらきら光る木漏れ日とスープ

葉家肉粥《イエジャーロウジョウ》

P45 左がオーナーの葉明欽さん、右は後継ぎとなる次男の奕宏さん。ともに店を営んできた奥様に加えて、奕宏さんも熱心に働いている。すてきな家族経営。

✦ 台北市大同區保安街49巷32號
電話：0916-836-699
営業時間：9時～15時　不定休
✦ 地図　P185 Ⓑ

カラリと青空に、大きなガジュマルの樹の緑が映える。その下に小さな食べもの屋さんが軒を連ねるここ「慈聖宮廟口美食小吃街」（ツーシェンゴンミャオコウメイシーシャオチージエ）は、台北でも有数の朝ごはんスポットだ。店々は大きな道路から少し奥まった通りに面し、店裏は廟の前の広場になっていてそこに各店のテーブルが配されている青空食堂。さまざまな系統の店が並ぶ中、ちょうどガジュマルのお膝元に寄り添うように「葉家肉粥」はあった。

開店時間目前の8時41分、オーナーの葉明欽さんは準備に忙しい。あいさつを交わすやいなや裏手のテーブルに料理を持って来てくれた。その予想外のビジュアルにびっくり。肉粥、というから大きな肉がのったおかゆなんだろうと勝手に想像していたら、出てきたのはなんとも美しい澄んだスープのおかゆ。青々と茂る葉の間からテーブルに落ちる木漏れ日、それを受けてきらきらと光るスープの清らかなこと。一口してみると、深い旨味でサラリとした心地よさ。見た目の通りにきれいな味わいにテンションが上がる。周りを見るといつしかお客さんでいっぱいで、よくよく見ると彼らはおかゆのスープのおかわりをしている。聞くとスープのおかわりはなんとサービス！　この劇的においしいスープをサービス

肉粥 25
蚵仔炸 60
紅燒肉 60
豬肝炸 60
花枝炸 60
蝦炸 70
鯛魚炸

ⓐこれが肉粥。あまりの美しさにドキリ、そして食べてさらに惚れる。

ⓑ肉粥の味の決め手となる干しエビ。葉さんの手のひらに。

ⓒ「その場で揚げて、アツアツで食べるからウマいんだ！」と葉さん。

ⓓ紅焼肉はつけ合わせのダイコンの酢漬けまで隙のないおいしさ。花枝炸など他メニューも◎！

P47㊤スープきらきら。この透明度こそ熟練の技。

P47㊦手を広げるように佇むガジュマルの下で朝ごはん。気持ちがいい。

とは……その心意気に感服せずにはいられない。

しばらくすると一段落着いた葉さんがやって来た。料理のこだわりについて聞いたところ、ググッと身を乗り出すようにして熱く語り出した。肉粥の旨味の秘訣は干しエビでとった出汁にあるらしい。そこに塩としょうゆ、豚肉も塩しょうゆで下味をつけて使っていると。干しエビは多過ぎてはいけない、米は生の状態から煮る、ダイコンの細切りは時季によってタケノコにする……語られるアツい想いに聞き入る。肉粥と同じく評判の紅焼肉もサクサク、肉の旨味だけを食べているような至極の一品で、この料理についてもあふれ出す情熱トーク・ノンストップ。葉さんによると昔はリヤカー屋台で、お父さんがはじめた商売だった。そのころからメニューは変わらず肉粥と紅焼肉。創業から30年ほど経って葉さんが二代目を継いだ。材料は実にシンプルながらどちらの料理も驚くほど研ぎ澄まされているのは、親子二代に渡る長年の経験と熟練と心意気が形になったものなのだろうと思った。

60元
20 15 25

豚肉と干しエビの旨味がしみ出しまくった極上の肉がゆは、澄んだスープが決め手。しかしその極意を再現するのは難しく、店主の熟練の腕に改めて感動！

【肉粥《ロウジョウ》】…肉がゆ

●材料（1～2人前）
白米 0.5合
水 約700mℓ
ダイコン 約3cm
豚肉 約40g
セリ 2本
油蔥酥（フライド台湾エシャロット） 大さじ1
地瓜粉（サツマイモ粉） 適量
A
干しエビ 約5g
塩 小さじ½
しょうゆ 小さじ½

●作り方
①豚肉とダイコンを細切り、セリを小口切りにする。
②①の豚肉にしょうゆ（分量外）と塩（分量外）を揉み込み、地瓜粉をまぶしておく。
③鍋に水約500mℓを入れて沸騰させ、そこにAと②を入れて弱火で約3分煮る。
④鍋に洗った米と①のダイコンを加えて約20分煮込む。途中で水が少なくなってきたら水200mℓを小分けにして入れ、水の量をキープ。
⑤最後にセリ、油蔥酥を入れて完成。

コツあれこれ！
・油蔥酥はフライドオニオン、地瓜粉は片栗粉でも代用可。干しエビの入れ過ぎには注意。
・工程②の肉に下味をつけるための塩としょうゆはお好みで。少し濃いめがおいしい。
・「米粒が立っている感じ」が煮込みの目安とは店主の言。

編 店のように澄んだスープにするのは至難。けれど味はなかなか近づけた！

【紅燒肉】…豚肉の紅麹漬け揚げ

サックサク肉汁あふれる赤い肉の揚げものは、屋台や食堂での人気者。作るの難しそう……と思っていたけど意外にイケる。レモン汁を絞って食べても美味！

● 材料 （1〜2人前）

豚バラブロック 約100g
紅糟（ホンザオ：紅麹） 大さじ約1
地瓜粉（イモのデンプン粉） 適量
サラダ油 適量
ショウガ お好み

A
── しょうゆ 小さじ½
　　オイスターソース 小さじ½
　　砂糖 小さじ½
　　ゴマ油 小さじ½
　　酢 小さじ½

● 作り方

① 豚バラブロックをビニール袋に入れ、紅糟をよく揉み込んでからAの調味料を入れて袋の空気を抜き、口を縛って冷蔵庫で一晩置く。
② ①を取り出して全体に地瓜粉をまぶす。
③ 低温の油で2〜3回ひっくり返しながら、しっかり揚げる。
④ 揚がったら一口大に切って完成。お好みでショウガの千切りを添えて。

\ コツあれこれ！ /

・厚みのある脂身多めの豚ロース切り身でも代用可能。その場合、フライパン1cmほどの油でもスプーンで表面にかけながら揚げればきちんと火が通った。
・地瓜粉は片栗粉で代用しても雰囲気は出る。

編 紅糟がなければ塩麹でもOK。その際は調味料類少なめにしないと濃過ぎて危険。

忙しい朝のバーガー&サンド

可米元氣漢堡《カァミーユェンチーハンバオ》

P53 右がオーナーの頼建宏さん、左が奥様の江麗芳さん。店は二人プラス奥様のお姉さんたちが手伝って切り盛りしている。店の青が爽やかな二人の姿によく似合う。

✦ 台北市中山區中山北路二段62巷38號
電話：（02）2523-7287
営業時間：5時半〜13時　日曜定休
✦ 地図　P185 Ⓑ

青い看板、青と白のひさし、住宅街の角地に青が印象的な店構えがちょこん。屋根から生えた木や草の緑も相まってのどかでちょっとファンタジックな店構えのここ「可米元氣漢堡」は、ハンバーガーやサンドイッチをメインに供する朝ごはん屋さんだ。朝8時ごろに一度店の前を通り過ぎたら、テイクアウトのカウンターにはでき上がったサンドイッチがズラリ、そしてそれを買いに来た人で込み合っていた。10時ごろ再び訪れたときにはカウンターに並んでいたサンドイッチはきれいになくなり、ほぼ完売状態。驚いていたら「いつもこんな感じだよ」と黒ぶち眼鏡と黒いエプロンの似合うナイスガイが教えてくれた。オーナーの頼建宏さんだった。

ＭＲＴ雙連（シュアンリエン）駅にほど近い立地からか、平日はそこから働きに出る人、来た人たちがササッと買えるおいしさを求めて立ち寄っていく。人気はいろいろ入った綜合と、ツナ、フルーツのサンドイッチ。メニューは多いがどれにも貫かれているポリシーは、シンプルでお手軽な値段にすることだ。「早くて、安くて、おいしいこと。うちのメニューは大衆向けなんです」と頼さんはニコリ。シンプルがゆえに食材にはこだわりがあり、新鮮、清潔、クオリティに妥協することはない。通勤のピークが過ぎると近

點餐區
取餐
結帳區
中山北路二段
62巷38號

ⓐ分厚い豚肉と目玉焼きオンでボリューム満点！　鉄板麺。

ⓑカウンターに並ぶテイクアウト用サンドイッチ。種類いろいろ。

ⓒ鮪魚堡。バーガー系の人気もツナ。台湾マヨネーズの甘みがツナといい感じ。

ⓓ店内の客席から厨房を覗く。テキパキ働く姿が美しい。漫画もいっぱい！

P55㊤定番人気のフルーツサンドはパインとキウイとモモを台湾マヨネーズで和えるのがお決まり。

P55㊦若い男子たちがこぞってテイクアウト待ち。

隣の人がイートインスペースに座りハンバーガーやサンドイッチをオーダーして、ゆっくりと朝の時間を楽しみはじめる。そのまったりとしたひとときも心地よい。平日はこの通りだけれども、土曜日は地元の人がファミリーで訪れて、やっぱり店内で休みの朝をゆったりと楽しむのだそう。よく見れば店の中には大量の漫画が置いてある。きっと料理のでき上がりを待っている間それらを読みつつまどろんでいるんだろうなと想像していると、そういえば地元の定食屋さんやラーメン屋さんも同じ感じだよなと思い至り、一気に親近感がわいてきた。そんなブランチ的タイムにはハンバーガーやサンドイッチのほかに鉄板麺も人気者となる。店の鉄板で豪快に炒められた麺と肉はブラックペッパーソースたっぷりで刺激的、食べるとやる気みなぎる力強さだ。

平日は忙しく働く人々の味方、週末はファミリーの憩いの場。店はオーナーの頼さんが創業してからもうじき20年になる。その事実が、地元への根付き加減と愛され具合を物語っている。

可米元氣漢堡
中山北路二段
62巷38號
金鶴家

可米元氣漢堡

【鮪魚漢堡《ウェイユィハンバオ》】…ツナバーガー

●材料（1人前）

ハンバーガー用のバンズ　1セット
ツナ缶　約½
卵　1個
レタス　1〜2枚
キュウリ　約5cm
台湾マヨネーズ　お好み
ケチャップ　お好み
コショウ　少々
サラダ油　少々

●作り方

①キュウリを細切りに、レタスをバンズに挟みやすいサイズに手でちぎる。
②ツナ缶の油を切り、台湾マヨネーズと和える。
③よく熱したフライパンにサラダ油を引き、目玉焼きを作る。その間にトースターでバンズを軽く焼いておく。
④バンズに、ツナ、キュウリ、レタス、目玉焼きの順でのせ、上にのせるバンズの裏にたっぷりケチャップを塗りコショウ少々。それを具の上にのせて完成。

鮪魚はマグロ、漢堡はハンバーガーを指す。名前の通りごく普通のツナバーガーだけれども、台湾マヨネーズの甘みがそこはかとなく漂う不思議な味わい。

編　恐れることなく調味料類はたっぷりと使い、味つけ重めがベター。

【鉄板麺《ティエバンミェン》】…鉄板焼きそば

●材料（1人前）

焼きそばの麺　1人前
豚肉（薄切りかショウガ焼き用）　1枚
卵　1個
ブラックペッパーソース
お好み
塩、コショウ　ひとつまみ
サラダ油　少々

台湾の人にはおなじみのブラックペッパーソースをたっぷり絡めた焼きそばは、若い男子ウケがいい朝ごはんメニュー。味もボリュームもガッツリなのでブランチにもよさげ。

●作り方

①豚肉に塩コショウで下味をつけておく。
②よく熱したフライパンにサラダ油を引き、麺を十分に炒めたらブラックペッパーソースをたっぷりと絡める。でき上がった麺を皿に盛りつける。
③フライパンで①を焼きながら目玉焼きも作る。
④盛りつけてある麺に③をのせて完成。

コツあれこれ！

ブラックペッパーソースは日本の中華料理食材店などで手に入ることも。台湾のスーパーではたいたい売っているのでおみやげとして買って帰ってきてもよさそう！

編　かなりペッパーの刺激が効いているので、辛さに弱い人はソース少なめが吉。

サンドイッチ一筋40年

阿香三明治《アーシァンサンミンツー》

サンドイッチ2種、それだけ。それだけを延々40年作り続けてきたのがこの「阿香三明治」だ。ラインアップは「火腿蛋」（ハム玉子）と「肉鬆蛋」（肉でんぶ玉子）。あとはコーヒーと〝台湾のミロ〟とも称される「阿華田」（アーホァティエン）というドリンクもサンドイッチのお供として売っている。店頭の天井からはそこそこ大きなオレンジ色のメニュー看板が吊り下がっていて、店名とメニュー名がどどんと記されていた。その潔さにそれとなく美学を感じる。

「阿香三明治」は、いつ行ってもどこかの店が開いていて営業時間が長いことで知られる「雙城街夜市」（シュアンチャンジエイエシー）と、おいしいものが多いと通たちが賞するグルメスポット「晴光市場」（チングァンシーチャン）の中間に位置する。けれども店はそうしたにぎわいから少し外れた場所にあり、なかなか見つからない。すると道路に小さな立て看板発見。店名の下に、矢印。その指す方向を見ると大きなビルの一階にある薄暗い小径が……。人がすれ違うのがやっとなその狭い隙間に店はあった。しかし11時と中途半端な時間だからお客さんがいないのはわかるけれど、店の人もいない。間口全開のドアなし店舗を無人にして大丈夫なのかと心配していたら、店の横にあるイスに腰掛けて新聞を

P59 店主の黄南桂さん。店はもともと妹さんと奥様ではじめたもので、いまはおもに黄さんと奥様が店頭に立つ。このとき奥様はお出かけ中だった。残念！　看板には30年とあるけれど、もう40年になる。

✦ 台北市中山區雙城街10巷13之1號
電話：0939-315-667
営業時間：7時～13時半　日曜定休
✦ 地図　P185 Ⓑ

御品軒
0909-334-999
老地方滷味
阿香三
咖啡•阿
30年的傳統

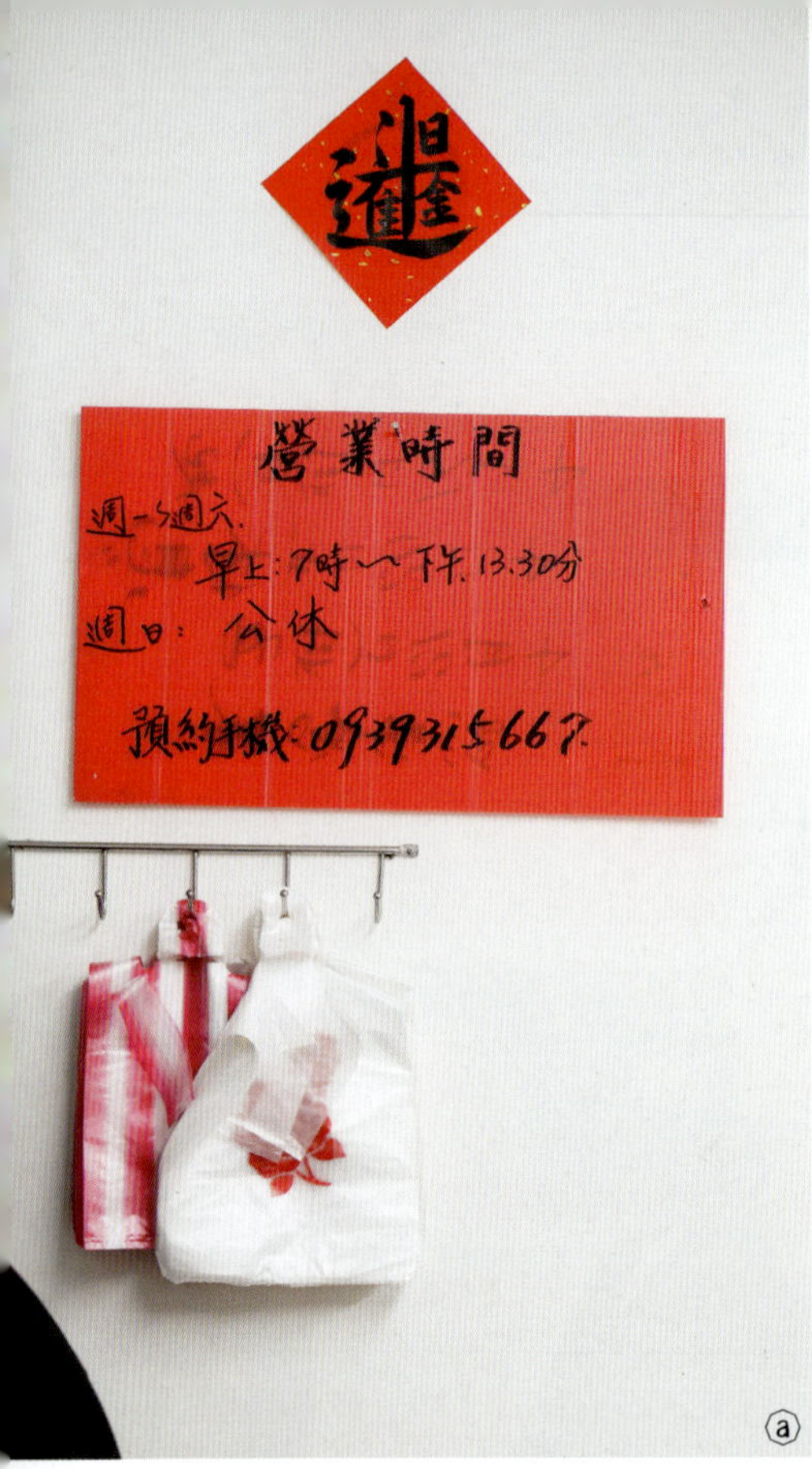

ⓐ味のある雰囲気。
ⓑ小さなフライパンで調理。
ⓒピーナッツクリームは薄皮を取ったピーナッツを炒めミキサーにかけて、麦芽糖と合わせた自家製。これがまたいいお味。
ⓓ「肉鬆蛋」と「阿田華」。「火腿蛋」は肉鬆がハムに。ウマし。

読んでいたおじちゃんが店主の黄南桂さんだった。あまりに風景に溶け込んでいたので気づかなかった。不覚。

　店の中には大きな鉄板も作業台もない。小さなガスコンロの上に家庭用サイズのフライパンひとつ、店頭のカウンターにトースターとまな板、以上。黄さんはまずパンを縦入れ型のトースターにセットした。続いて卵を溶いてフライパンで焼いていく。卵が固まってきたらフライ返しで器用に四角く折り畳んで、空いたスペースでハムも焼く。玉子とハムが焼けたころ、トーストも焼けた。トースト、玉子焼き、バター、ハム、そしてトースト。さらに上にトマトスラ

イスと塩揉みキュウリをのせて、自家製マヨネーズを塗ったトーストでフタをしてでき上がりだ。四角く折り畳んだ玉子焼きが見事にトーストサイズにおさまっていて、職人技に感激。肉鬆バージョンはハムが肉鬆になり、自家製ピーナッツクリームが加わる。このピーナッツクリームの香り高いこと！　どちらも実家で食べる料理みたいな安心するおいしさで、ホッとする。

帰り際、若い兄ちゃんがやって来た。見ると彼のサンドイッチはなにも言わないのにパンは耳つきのまま。薄紙に包まれたサンドイッチを手に、常連らしき若者は颯爽と去って行った。

【火腿蛋吐司《フォトゥイダントゥースー》】…ハム玉子サンド

●材料（1人前）

食パン（6枚切り）　3枚
ハム　2枚
キュウリ　1/3個
トマト　1/4個
卵　1個
サラダ油　少々
塩　少々
バター　お好み
ピーナッツクリーム　お好み
台湾マヨネーズ　お好み

●作り方

①キュウリを細切りにして塩揉みに、トマトはスライスしておく。
②パンをトースターで薄く焦げ目がつくくらい焼く。
③よく温めたフライパンにサラダ油を引き、溶き卵を焼く。
④ハムを軽く焼く。
⑤トーストしたパン2枚それぞれの片面にバターを塗り、そのうち1枚のバターを塗った面の上に焼いた玉子、ハムの順にのせる。
⑥バターを塗っていないパンの片面にピーナッツクリームを塗り、クリームの面を下にしてハムの上にのせる。
⑦そのパンの上にトマト、キュウリをのせて、マヨネーズを塗った面を内側にしてパンでサンド。耳はお好みで切り落とす。

コツあれこれ！

玉子焼きはパンの形に合うように、焼いているときにフライパン上で四角く折り畳んでおくとパンに挟んだときに仕上がりがきれい。

【肉鬆蛋吐司《ロウソンダントゥースー》】…肉でんぶ玉子サンド

●材料（1人前）

肉鬆（肉でんぶ）　お好み
＊これ以外は上記「火腿蛋吐司」とほぼ同じ（ハムのみ不要）

●作り方

①「火腿蛋吐司」のハムを肉鬆に変更し、パンに挟む順番を肉鬆→玉子焼きの順にするだけ。

コツあれこれ！

・肉鬆は日本でも中国や台湾食材店などで購入できるが、ない場合は手間はかかるが手作りしても（P168参照）。
・台湾のミロと言われるドリンク「阿華田」（アーホァティエン）をお供にすれば完璧なハーモニー。阿華田は台湾のスーパー等で手に入る。

40年続く市場の中の小さなサンドイッチ専門店の味は、純朴で落ち着く穏やかさ。台湾料理界のレギュラー選手・肉鬆を筆頭に、冷蔵庫にありそうなもので作っていながらきちんとおいしい。これぞ毎日サンド。

編　塩揉みキュウリの塩気がかなり効くので、塩揉みすることをオススメ。

父のパンと祖父の紅茶

豐盛號《フォンシェンハオ》

P65 店長の黄振洋さん（左から２番目）と店のスタッフさんたち。みんなシャイで、集合写真をお願いしたらちょっと恥ずかしそうなのがかわいらしかった。

✦台北市士林區中正路223巷４號１樓
電話：（02）2880-1388
営業時間：６時半〜14時半
（売り切れ次第終了）　無休
http://www.fongshenghao.com.tw/
✦地図　P185 Ⓒ

台北の北部。士林夜市（シーリンイエシー）や故宮博物院にも近いＭＲＴ士林駅から少し歩いて辿り着いた小さな巷子（シアンズ：通り）は清潔で、どこかすっきり小洒落た雰囲気。その並びににわかに人の列。それは炭焼きトーストサンドイッチの人気店「豐盛號」の行列だった。店に入るとすぐにカウンターで、奥に広がるキッチンではスタッフたちがきびきびと動いている。時間はもう13時、昼にも遅いタイミングというのに次々人がやって来てはサンドイッチを注文していく。若い男女は記念写真を撮ったりしてご満悦そう。それくらい、一度は行ってみたい、食べてみたいと思われている存在なのだろう。

取材当日は店長の黄振洋さんが案内してくれた。オーナーさんは台湾南部に位置する恆春（ハンツン）の出身で、お父さんはパン屋さんを、おじいさんはお茶屋さんを営んでいたという。それだから彼は幼いころからトーストを愛し、紅茶を飲むのが好きだった。その経験と思い出を受け継いで２０１３年に台北にこの店をオープン。店名は聖書の一節から。敬虔なキリスト教徒であるオーナーさんが名付けた。

店では手づくりできるものは可能な限り作り、天然の食材を使うことを徹底している。とくに恆春にある実家のパン店から

就愛
本店
開立電子發票
活動開跑囉！
08.15
11.30

ⓐ

ⓑ

ⓒ

ⓐピーナッツクリームもなにもかも、素材はケチらず大胆に！
ⓑ店の混雑ピークは朝８時半ごろ。多いときは11人ものスタッフでさばく。
ⓒ「辣醤肉蛋起司」の絶妙なピリ辛感。ほのかに甘い「蔗香紅茶」とどうぞ。
ⓓお母さんといっしょにお昼のサンドイッチを買いに来ていた男の子。
P67㊤肉鬆＋練乳＋玉子焼きという魅惑のコラボ「肉鬆煉乳蛋」。ウマイ！
P67㊦こだわり抜いた食パンを丁寧に炭火焼き。

ⓓ

毎日運んで来る食パンは、ニュージーランドの「フォンテラ」社の上質なバターと、台湾でおいしい牛乳の里として知られる瑞穂（ルエスエ）の新鮮な牛乳を使い熟練の手法で作り上げた極上のもの。この食パンを炭火で焼き上げるのだから、それだけでまずおいしい。メニューは開店前に半年かけて研究し生み出したもので、正直、どれもとてもいいお味。なかでも山盛り肉鬆（肉でんぶ）と練乳の組み合わせがしびれるウマさの「肉鬆煉乳蛋」と、屏東（ピンドン）の豚肉に少し甘めの南部トウガラシを加えた「辣醤肉蛋起司」は特筆ものだった。年配の人に人気が高いというピーナッツ尽くしの「土豆粉」も台湾らしくて楽しい一品だ。

いまはテイクアウトオンリーだけれど、今後はイートインスペースのある店舗も計画中とか。そろそろ取材も終わりというときに小さな男の子連れのお母さんが入って来た。近くで働いていてよく買いに訪れるそうで、その様子にミーハー層だけでなく地元の人にもきちんと愛されている感が伝わってきた。

● 豐盛號

【肉鬆煉乳蛋《ロウソンリェンルーダン》】
…肉でんぶと玉子焼きの練乳サンド

●材料（1人前）

食パン（6枚切り）　2枚
卵　1個
肉鬆（肉でんぶ）
　レンゲ1～2杯
台湾マヨネーズ　お好み
バター　お好み
練乳　お好み
サラダ油　少々

ひしひしと肉鬆への愛を感じる潔いサンドイッチは、強く台湾を感じる組み合わせのひとつ。肉鬆のクオリティがダイレクトに出るのでなるべくよいものを使いたい。

●作り方

①パンをトースターで焼き目が薄くつくくらい焼く。
②パンを焼く間に卵を焼く。よく熱したフライパンにサラダ油を引き、溶いた卵を焼く。玉子焼きのサイズはパンに挟んではみ出さない程度が目安。
③焼いたパン1枚の片面に台湾マヨネーズを塗り、その上に玉子焼き、肉鬆の順でのせる。
④もう1枚のパンの片面にはバターを塗り、その上にたっぷりと練乳を塗る。塗った面を内側にして具をサンドして完成。

編　肉鬆は台湾食材店などで買うか、手作り（P168）で！

【土豆粉《トウダウフ》】…ピーナッツサンド

●材料（1人前）

食パン（6枚切り）　2枚
ピーナッツ粉
　レンゲ1〜2杯
砂糖　小さじ2〜3
ピーナッツクリーム
　お好み
卵　1個
バター　お好み
サラダ油　少々

●作り方

①〜②は、右ページの「肉鬆煉乳蛋」と同じ。
③ピーナッツ粉に砂糖を混ぜる。
④焼いたパン2枚とも片面にバターを塗り、そのうち1枚のバターの面の上に玉子焼き、ピーナッツクリーム、③の順にのせる。
⑤もう1枚のパンをバターの面を下にしてサンドし、完成。

薄いベージュのやさしい姿からは想像できないほどの、激しいピーナッツへの想いを秘めたサンドイッチ。食べるときは水分必須。コアなピーナッツファンにこそ、ぜひ。

コツあれこれ!

ピーナッツ粉をまぶしてスタイリングすると見映えがよい。

編　ピーナッツ粉をきな粉に代えて作ってもなかなかおいしかった。

サンドイッチ屋さんたちのお気に入り「林華泰茶行」

取材でサンドイッチの朝ごはん屋さんを何軒か回っていると、よく出てきたキーワードが「林華泰茶行」（リンホァタイチャーハン）。ここの茶葉を使っていることを強調している店が多々あった。彼らが惚れ込んでいる「林華泰茶行」とは、有名な老舗茶葉屋さんだ。1883年創業、さまざまな種類の茶葉を量り売りで販売する。大口の卸売りだけでなく一般客への小売りも行っていて、モットーは「品質がよく、値段が安い」こと。ここの紅茶がサンドイッチに合うのだと朝ごはん屋さんたちは口を揃えて言っていた。実際ここを訪ねたときも、店にはこれから朝ごはん屋さんへの配達を待つ大きな茶葉の袋があちこちにあった。築50年以上という建物と、緑美しい中庭も見応えあり。

✦ 台北市大同區重慶北路二段193號
電話：（02）2557-3506
営業時間：7時半〜21時
無休（旧正月2日間は休み）
http://linhuatai.okgo.tw/
✦ 地図　P185 Ⓑ

下左／銀色の大きなドラム缶に茶葉が入っている。スタッフさんたちはそれをサクサク袋に詰め込んでいく。
下右／店の奥には茶葉の焙煎機がある。見学可能。
P71 中庭の緑はワイルドで見ほれる美しさ。

もちサク 蛋餅の誘惑

★喜多士豆漿店《シードゥオスードウジャンディエン》

P73 左から三代目となる息子の羅瑜准さん、奥様の黄美麗さん、娘の羅羽淳さん、二代目店主の羅文中さん。毎朝3時から仕込みをはじめる働き者ファミリー。

✦台北市中山區民權東路二段71巷15號
電話：（02）2598-1210
営業時間：6時～11時
月曜定休（ただし第一月曜はオープン）
✦地図　P185 Ⓑ

ここの「蛋餅」（ダンビン）はとにかくウマイ！　そう聞いて訪れたのは、信義に厚い三国志の武将、関羽が神様となって祀られている台北「行天宮」（シンティエンゴン）の東側、大通りを挟んだごくごく普通の住宅街。時間は朝の7時。辿り着いた店では、軒先の鉄板でガンガンに蛋餅が作られている。ちなみに蛋餅は小麦粉で作ったクレープのような皮を焼いて、そこに玉子焼きをくるんで食べる朝ごはんの定番メニュー。中に包むもののバリエーションも豊富で、常連さんたちはあれこれ伝えて自分流にカスタマイズしたりもする。いわば朝ごはん界のレギュラー選手。その蛋餅がおいしいとあっては混み合うこと必至だ。ここ「喜多士豆漿店」はまさにそんな活気あふれる様相を呈していた。

　この店の蛋餅は、厚過ぎず薄過ぎずちょうどよい厚み。その生地のもっちりサクサク感はハンパではない。そのもちサク生地に包まれた玉子焼きはシンプルで、そうそうこれを食べたかった！　と心躍るような、夢中になる味わいだ。店主の羅文中さんに生地の秘訣を聞いたら「季節と気温によって加える水温も変えるし、生地を寝かせる場所や時間も変える。寝かせる適温は20度で、夏は冷蔵庫に入れるけれど冬は常温。生地は十分に発酵していないと伸びない

九月份休假
9/4 (一) 9/11 (一) 9/18 (一) 9/25 (一)
請先付
本店
優質
黃豆研

ⓐ大量に生み出されていく生地。手つきからしておいしそう。
ⓑ鉄板は奥さんと娘さんの担当。二人の息の合った作業は美しい。写真は蛋餅を焼く様子。
P75 右上から反時計回りに蛋餅、豆漿、蔥花蛋、油條、蘿蔔糕（ダイコン餅）、鹹豆漿。醬油膏にミキサーにかけたニンニクを加えたオリジナル調味料も美味。

けれど発酵し過ぎも駄目だよ」と、作業をしながらも丁寧に教えてくれた。その解説を聞いていると、おだやかな笑顔の中に秘めた生地づくりに対する情熱がかいま見える。これを40年近く続けているというのだから、おいしさに力強さがある。

店の歴史は1976年にはじまり、いまの店主である羅さんで二代目だ。羅さんは先代が創業したときに弟子入りし、師匠と仰いで修業した。その後店を受け継いで、現在は三代目となる息子の羅滄准さん、奥様の黄美麗さんに娘の羅羽淳さんと家族全員で働いている。息子の滄准さんは弱冠20歳という若さながら、黙々と大きな台の上でお父さんといっしょに生地をこねていて、その真剣な姿にグッとくる。奥様と娘さんはおもに焼き担当。鉄板上のコンビネーションはお見事のひとことだ。

店ではデリバリーを一切行っていない。理由は「ここに来てくれるお客さんが大切だから」と羅さん。わざわざ足を運んでくれるお客さんに心から感謝を込めて、粉をこねていく。10時半ごろには売り切れることもあるという言葉に、なるほど納得。

台湾の朝ごはん界のアイドル「蛋餅」。焼いた姿がいまではポピュラーで、店によってモチモチ系、パリパリ系さまざま。玉子焼きとの相性はいいわずもがな！

喜多士豆漿店

【蛋餅《ダンビン》】…台湾式クレープ

●材料（1人前）

＊蛋餅皮の材料と作り方はP150を参照。

卵　1個
ネギ　お好み
塩　お好み

●作り方

①蛋餅皮を作る（P150を参照）。その間にネギを小口切りにし、それに塩を混ぜておく。

②生地ができたら焼く（P150を参照）。

③生地を焼いている間に卵を溶いて、そこに①で味つけしたネギと塩少々を入れて混ぜる。

④生地が軽く焼けたら③の卵を焼く。玉子が焼けたら一度取り出す。

⑤フライパンの上に焼いた生地、玉子焼きの順でのせて、三つ折りまたは二つ折りする。表面に焼き目がしっかりついたら完成。食べやすい大きさに切り、いただきます。

コツあれこれ!

皮に包むのは玉子焼き以外にハムやベーコン、とろけるタイプのチーズでもおいしい！　好きなものを挟んでどうぞ。

編　家で作るなら生地はやや薄めにすると火が通りやすくて安心。

この店の鹹豆漿は、干しエビを2種類入れている。マイルドな味わいでどの朝ごはんメニューと合わせてもしっくりくる。エビは1種でもイケる。

【鹹豆漿《シェンドウジャン》】…豆乳のスープ

●材料（1人前／お椀一杯分）

豆乳　180～200㎖
桜エビ　お好み
ザーサイ　小さじ山盛り½
肉鬆（肉でんぶ）　小さじ1
切った油條（揚げパン。作り方はP152参照）　3～4かけ
ネギ（小口切り）　お好み
塩　ひとつまみ
しょうゆ　小さじ1
酢　小さじ1～1.5
ラー油　お好み

●作り方

①ザーサイはみじん切りに、油條は2㎝ほどの幅にカットする。
②豆乳を温める。弱火で吹きこぼれないよう注意して。
③豆乳を温めている間にお椀に材料を入れておく。桜エビ、①のザーサイ、肉鬆、油條、ネギ、塩、しょうゆ、酢の順番で。
④豆乳が十分温まったら③の器に注いで、お好みでラー油をたらして完成。

コツあれこれ！

・代用食材やアレンジについてはP137を参照。
・店ではエビは2種類（蝦仁と蝦皮）、肉鬆以外に素鬆（シイタケで作ったでんぶ）も加えてこだわりの味に。もし材料がそろえばチャレンジ！

編　台湾のスーパーで買った蝦皮は塩味濃厚ですごくおいしかった。これは買い。

ニラたっぷり！蛋餅揚げタイプ

★津津豆漿店《ジンジンドウジャンディエン》

P79 右がおかみさんの許雪珠さん、左が娘の張詩昀さん。二人とも黙々とよく動く働き者。店の奥が抜けていて、風が通り抜ける気持ちがよい構造だ。

✦ 台北市大同區延平北路四段５號
電話：（02）2597-3129
営業時間：５時〜11時
不定休（１カ月１回）
✦ 地図　P185 Ⓓ

雨の台北、朝6時。古き良き面影を残すエリア大稲埕（ダーダオチャン）を延々北に向かって行くと、おいしいものがひしめく延三夜市（イェンサンイエシー）がある。そのさらに北に行くと、大通り沿いにこの店「津津豆漿店」が現れる。歩道にテーブルばかりか揚げ場がセッティングされているライブ感がとてもすてきで、その揚げ場では問答無用、休むことなく店の看板メニュー「炸蛋餅」が作られていく。その様子はまるでちょっとしたエンタメ。雨の降る音と油でものが揚がる音が入り交じるなか、常連らしきお客さんがポツポツやって来る。結構な雨もものともせずにやって来る。

「蛋餅」といえば台湾の朝ごはん屋さんでよく見かける定番で、クレープのような皮に玉子焼きなどを包んで食べる激ウマ料理。焼いたものを見かけることが多いけれど、よくよく話を聞いてみると実は揚げタイプの方が先で、昔ながらの味なのだという。健康志向や手間ひまがかかることに押されていまではめっきり減ってしまった揚げタイプ。食べられる店は貴重だそう。パリッと揚がった生地は、たとえるなら揚げ餃子のあのパリパリ感。ちょっと厚めのその生地のなかに、この店では目玉揚げとニラをたっぷり入れて仕上げる。このニラがまた効いて

三明治 20
蘿蔔糕 25
油條 15
燒餅 15
花捲 12
饅頭 12
菜包 20
肉包 20
蔥蛋 10
飯糰 30
蛋餅 35
（夾蛋另加10元）

P81(左)津津豆漿店の炸蛋餅はニラと自家製の甜辣醬が特徴。サクッとウマい。
P81-82(右)屋外の揚げ場でジュワッと豪快に！　どんどんできる炸蛋餅。
ⓐふかふか饅頭もあります。
ⓑ肉鬆と目玉焼きのフレンチトースト、法式吐司はやさしい口当たり。
ⓒ雨にも負けず、スクーターに乗って買いに来るお客さんも結構いた。

いてめちゃめちゃおいしい。写真を撮っていてうっかり冷めてしまったら、「アツアツがおいしいんだから！」と店のおばちゃんができたてを出してくれた。なるほど！　できたての圧倒的なおいしさ！　まさしくおばちゃんの言う通り。炸蛋餅、アツアツのうちに、食べるべし。

ちなみにこの「津津豆漿店」は店としては約60年の歴史があり、おかみさんの許雪珠さんで三代目となる。許さんは1999年にこの店の「頂讓」（ディンラン：店を経営、手法など含めて譲るという意味）の広告を見て一念発起。印刷所勤務から経営者となった。経営だけでなく看板料理の作り方も前オーナーから受け継いで体得。前の店の持ち味を生かしつつも、自分流に改良したり、新しいメニューを考案したりと努力を重ねてきた。許さんが考えた新メニューのひとつ「法式吐司」はいまではしっかり人気者だ。毎朝2時には店に来て仕込みをはじめるという許さん。娘の張詩昀さんもいっしょに店を盛り立てて、スタッフたちも含めて店には活気があふれる。さらに進化を遂げそうな予感とともに。

a

b

c

朝ごはん界の人気者「蛋餅」をジュワッと油で揚げたタイプ。実はこちらがもとの姿で、昔ながらの味だという。アツアツのうちに食べきるのが◎！

津津豆漿店

【炸《ザー》蛋《ダン》餅《ピン》】…台湾式クレープ揚げバージョン

●材料（1人前）

＊蛋餅皮の材料と作り方はP150を参照。

ニラ　3〜4本
塩　少々
卵　1個
コショウ　お好み
サラダ油　適量

●作り方

①蛋餅皮を作る（P150を参照）。粉を寝かせている間にニラを約3㎝幅に切って塩揉みしておく。
②フライパンにサラダ油を約1㎝入れて熱する。
③蛋餅皮を入れ薄く色がついたらひっくり返す。卵を割り入れて目玉揚げを作る。
④蛋餅皮がうっすら色づいてきたら②のニラをのせ、その上に目玉揚げをのせて皮を三つ折りまたは二つ折りにして表面が明るいブラウンになるまで揚げる。
⑤油を切って、食べやすい大きさにカット。お好みでコショウを振っても。

コツあれこれ！

蛋餅皮を揚げ過ぎると硬くなって生地が折れなくなるので注意！　やわらかさが残る状態で具を包むことが大切。

編　店では醤油膏や甜辣醤で食べるが、ケチャップでもおいしい！

伝統スタイルの朝ごはん屋さんで食べるフレンチトーストは、やっぱりどこか懐かしい感じがする。豆乳を入れることでふわっとやさしい食感と味わいに。

【法式吐司《ファーシートゥースー》】…津津のフレンチトースト

●材料（1人前）

食パン（6枚切り）　2枚
卵　2個
豆乳　約50ml
肉鬆（肉でんぶ）　レンゲ2杯
台湾マヨネーズ　お好み
サラダ油　少々

●作り方

①パンは耳を切り落とす。溶いた卵1個に豆乳を混ぜておく。
②パンを①の液によく浸ける。その間にフライパンをよく熱しておく。
③フライパンが温まったらサラダ油を引き、まず目玉焼きを作る。
④目玉焼きができたら一度皿に上げて、パンを両面に軽く色がつくまで焼く。
⑤パンが焼けたらあら熱をとってから台湾マヨネーズを塗り、その上に肉鬆をたっぷりとのせて均等にならす。
⑥肉鬆の上に目玉焼きをのせ、もう1枚のパンでサンドして完成。

編　パンを液に浸し過ぎたら破れてしまった。サッとくぐらせるほどでいいかも。

おいしさ三段階なシンプル麺

樺林乾麺《ホァリンガンミェン》

P85 三代目オーナーの林國棟さんは、以前はコンビニのスタッフとして働いていたが、家業を継ぐことを決めて戻って来た。お父さんの林志華さんもともに働く。

✦台北市中正區中華路一段91巷15號1樓
電話：（02）2331-6371
営業時間：6時半～14時
土・日曜・祝祭日　定休
✦地図　P185 Ⓕ

旅行ではあまり訪れることのなさそうな、なんの機関が入っているかよく分からない大きなビルが建ち並ぶ大通り沿い。にぎやかな西門町と小南門の間に位置しながら、水曜朝の8時、そこにはほとんど人影はなかった。いくら雨とはいえ寂しいな……と思いつつ大通りを左に入るとやや小さな路地。少し生活の香りがしてきたけれども、やっぱり人はいない。ここに評判の乾麺屋さんが本当にあるの？道間違えた？　ドキドキしながらそれらしい看板も見つけられず一軒一軒覗き込みながら探すと、ガラス扉に大きく「樺林乾麺」と書かれた場所を見つけた。ここだ！

店の中には外の人気のなさが嘘のように、人ぎっしり。ビジネスマンらしきワイシャツにラックス姿のおじさんもいれば、Tシャツ姿のガタイのいい兄ちゃん、なにを生業にしているのか想像できない謎のファンキーファッションおじさんと、とにかく男性だらけだ。彼らの目前には汁のない真っ白な麺と、ポーチドエッグが漂う淡色スープ。みんな真剣に食べている。それこそがこの店の名物「乾麺」だった。乾麺はしょうゆと酢、自家製ラードで茹でた麺を和えるというシンプル極まりない食べもの。テーブルの上にはいろいろな調味料があり、黒酢、ラー油、コショウを足して食べると

福懋油脂

ⓐ「乾麵」そのままの姿。底に調味料が入っているのでグイグイ混ぜて食べる。
ⓑこの「蛋包湯」の半熟玉子を乾麵の上にのせて食べるのが常連流。
ⓒさらにトッピングで「干絲」を加えれば変身完了。麺のウマさ最高潮に。
ⓓスープのベースは排骨（パイグー：豚の骨付き肉）。よく煮込まれている。
P87 半熟玉子と小皿料理、さらにラー油を足した乾麵。これがおいしい。

また違った味わいになってそれもおいしい。この麺だけでもすばらしくおいしいのに、常連さんたちはさらなるおいしさを求めてカスタマイズをする。前述のポーチドエッグスープ「蛋包湯」の半熟玉子を麺の上にのせるのだ。そしておもむろに黄身を箸でつぶす。濃厚なまろやかさが加わっておいしさ倍増。さらにさらに、湯葉とザーサイの小皿料理の「干絲」もトッピングすればもう完璧。麺のウマさ三段活用の完成だ。

現在のオーナー林國棟さんは三代目で、店には55年の歴史があるという。いまの場所に越して来る前は台北の総統府の後ろあたりに店があり、おもな客層は軍関係者だった。彼らは早起きで、夜は早く帰ってしまうというライフスタイルだったため、店もおのずと朝から昼過ぎまでという朝ごはん屋さんになったそうだ。店はオーナーさんの親族と、働き者のパートナーさんがいっしょにもり立てる。

麺を食べていたファンキーおじさんが帰り際に「俺はここで50年食べてるぜ」と言って、去って行った。それほどハマる味。

【乾麺《ガンミエン》】…汁なし麺

●材料（1～2人前）

乾麺（冷やし中華用の麺や素麺でも代用可）　1人前
ラード　小さじ½
しょうゆ　小さじ2～3
酢　小さじ1
ネギ（小口切り）　少々
黒酢、ラー油、こしょう　お好みで

●作り方

①沸騰させたお湯で麺を茹でる。茹で加減は麺の袋に書いてある指示に従う。
②仕上がった麺を入れる器にしょうゆを入れておく。
③茹で上がった麺の湯をよく切って②の器に入れる。
④麺の上からラードと酢をかけ、小口切りにしたネギをのせる。

しょうゆと酢、ラードで味つけしただけの、ごくごくシンプルな麺。素朴なビジュアルに反するパンチある味わいにドキリ。底からよ～く混ぜて召し上がれ。

コツあれこれ！

・麺は十分に沸騰した湯で茹でること。その方が麺がモチモチするとのこと。
・半熟玉子スープ（P89）の玉子と湯葉とザーサイの和えもの（P90）をトッピングして食べるとなお美味！

編　袋麺一人前だと少し多く感じるかも？　半分でも十分満足感あり。黒酢などはお好みで。

【蛋包湯《ダンバオタン》】…半熟玉子スープ

●材料（2〜3人前）

卵　人数分（1人1個）
豚の骨付き肉　約125g
水　約700㎖
A 器に入れる1人分の調味料
しょうゆ　小さじ1〜2
塩　ひとつまみ
セリ、ネギ（小口切り）
お好み

●作り方

①鍋で湯を沸かし、そこに豚の骨付き肉を入れて約40分煮込む。
②スープを入れる器にAを入れておく。
③ぐつぐつ沸いているスープに卵を落とし、半熟のポーチドエッグを作る。
④②の器にスープとポーチドエッグを注ぐ。

薄いスープにたゆたう半熟玉子、その淡色コラボレーションは味強めの乾麺と相性抜群。玉子を麺にのせて黄身を割ればトロ〜リとろけて、麺がまろやかに。

コツあれこれ！

・水の量は鍋に豚の骨付き肉を入れて、肉がすべて水に浸るくらいが適量。鍋の大きさによって水の量を調節するのが大切。
・スープは湯葉とザーサイの和えもの（P90）にも使える。
・豚肉の臭みが気になる場合は煮る前に肉を水でよく洗い、煮込むときに料理酒を少し入れるとよい。

編　スープは中華料理の調味料（豚骨スープの素）を使って手軽に作っても○。

樺林乾麺

【干絲《ガンスー》】…湯葉とザーサイの和えもの

●材料（1〜2人前）

豆干（なければすべて湯葉でも可） 約60g
豆皮（湯葉） 約50g
ザーサイ 約30g
しょうゆ 小さじ1
ゴマ油 小さじ1
セリ、ネギ（小口切り） 少々
豚骨スープ（P89参照） 適量

●作り方

①豆干、豆皮、ザーサイを細切りにする。
②豚骨スープで①をさっと湯がく。
③湯がいた材料をしょうゆとゴマ油で和えて、仕上げにセリとネギを散らす。

湯葉とザーサイとゴマ油としょうゆ、この組み合わせでおいしくないワケがない。麺のトッピングとしても、おかゆに合わせてもよさそうな台湾らしい一品。

コツあれこれ!

豆干（ドウガン）とはざっくり言えば、すごく硬い豆腐。台湾料理おなじみの食材で炒めもの煮もの和えものなんでも来い。日本では手に入りにくいのでオール湯葉でも没問題。

編 急ぐなら豚骨からではなくスープの素を使えばOK。個人的にはセリ多めが爽やかで好き！

野菜のうまみ押し寄せるヘルシー包子

光復市場素食《グァンフーシーチャンスーシー》包子店《バオズディエン》

國父紀念館を北に、台北市政府を東にした大通り仁愛路四段（レンアイルースードゥアン）。四車線の広い道路の中央には背の高い大王ヤシの樹が等間隔に並び、いかにも南の島らしい風情だ。この道から南に3つ目の小さな通り沿いに、地元の人が日常使いする光復市場（グァンフーシーチャン）がある。大通りのキリッとした印象とは打って変わって雑多な感じ。カッパを着た人たちが雨なのにスクーターでガンガン通っていく。その並びに大量の湯気を放出している、いかにもおいしいものがありそうな気配の店があった。それが「光復市場素食包子店」。肉を使わない、素食（スーシー）の包子（バオズ）屋さんだ。

店に立っていたのは華奢な女子と、包容力ありそうなお姉さんふたり。そのうち華奢で文学少女のような佇まいの彼女が、オーナーさんの孫である呉奕婷さんだった。呉さんによると店は20数年前におばあちゃんがはじめ、いまは彼女と伯父さん、スタッフたちで切り盛りしている。以前は近所で店を構えていたが6年ほど前にここに越して来た。なぜ、肉を使わない「素食」にこだわるのか。曰く、21年ほど前から素食に注目が集まって、その当時この辺りで素食も包子も売っているところがなかったから。さらに「野菜って見たらすぐに野菜だってわかる

P93 いちばん左がオーナーの孫である呉奕婷さん。熟練スタッフさんとにこやかに集合写真。伯父さんはひたすら裏で具材を調理中だった。みんな手さばきがスゴい！

✦ 台北市信義區光復南路419巷95號
電話：（02）8780-1949
営業時間：6時半～13時　月曜定休

✦ 地図　P184 Ⓐ

光復 場素食包子
紅素包 25
包 25
筍包 25
全麥五穀雜糧 25
四季豆素包 25
客家酸菜包 25
蘿蔔絲包 25
芝麻甜包 25
桂花豆沙包 25
花捲 15
葫蘆包 25
星期一休息
TEL.87801949 FAX.27234687
早上6:30~
大家恭喜

ⓐあふれんばかりのキャベツがうまい「高麗菜素包」。
ⓑ店先で次々とでき上がっていく包子たち。見事な手さばき。
ⓒ「桂花豆沙包」。あんこ系甘い包子もめちゃめちゃおいしい！
ⓓ購入の順番待ちのお客さんたちは真剣な顔。テイクアウトオンリー。
P95㊤包子を一気に蒸し上げる！　大量の蒸気を見るだけでワクワク。
P95㊦食べれば食べるほどおいしさ増し増し「雪裡紅素包」。

光復市場素食包子店

でしょ？　なにを使っているかわからないものじゃないから安心だし、新鮮なものを使っているから健康的だし」と続く。その言葉通り素材は新鮮さを重視し、その質を生かすために極力シンプルな調味、調理で仕上げている。防腐剤は使わない。口当たりが単調にならないようにキクラゲやキノコなど、いろいろな食材を組み合わせて工夫する。

だからか、ここの包子は食べれば食べるほど、しみじみとおいしくなってくる。看板メニューの「雪裡紅素包」は噛めば噛むほど甘みが増して、あれ、葉野菜ってこんなに甘かったんだと気づいて夢中になっていく。シャクシャクとした歯触りも気持ちがいい。もちろん生地はふっわふわのアッツアツ。わりと巨大なサイズなのに、気づけば食べきっていた。なんだこれ的衝撃。劇的においしい。あぁ、道理でひっきりなしにお客さんが来ては大量に買い込んで行くワケだ。スクーターで乗り付けたおじさんなんて、そんなに荷台に乗る⁉　というくらい山積みにして帰って行った。簡素で真摯だからこそ、長く愛されているのかも。

光復市場素食包子店

【雪裡紅素包《シュエリーホンスーバオ》】…からし菜の漬けもののまん

●材料（1～2人前）

*包子の材料と作り方はP162を参照。

雪裡紅（作り方はP166を参照） 1～2株分
えのき 約20g
ハクサイ ½～1枚
塩 ふたつまみ
ゴマ油 少々

●作り方

①包子の皮を作る（P162を参照）。その間に具材の準備をする。
②まずえのきをみじん切りにし、フライパンできつね色になるまで煎る。
③雪裡紅とハクサイ、②をフードプロセッサーで細かく刻む。
④③に塩、ゴマ油を入れて味つけをする。
⑤①の包子の皮に④の具材を包んで蒸す（P162を参照）。

雪裡紅は台湾ではポピュラーな漬けもので、チンゲンサイや水菜、アブラナを漬けものにしたような感じ。その雪裡紅でシャキシャキ爽やかな野菜まんに。

編 雪裡紅をチンゲンサイで手作りしてみたけれど、かなり近い味にできた！

【高麗菜素包《ガオリーツァイスーバオ》】…キャベツまん

●材料（1～2人前）
＊包子の材料と作り方はP162を参照。
キャベツ　1～2枚
えのき　約20g
黒キクラゲ　1～2個
塩　ふたつまみ
ゴマ油　少々

●作り方
①包子の皮を作る（P162を参照）。その間に具材の準備をする。
②まず黒キクラゲをお湯につけて戻しておく。
③えのきをみじん切りにし、フライパンできつね色になるまで煎る。
④キャベツと戻した黒キクラゲを細切りにし、そこに③のえのきを入れて塩、ゴマ油で味つけをする。
⑤①の包子の皮に④の具材を包んで蒸す（P162を参照）。

高麗菜とはキャベツのこと。そんなキャベツの甘みとゴマ油と塩が絶妙なるハーモニーが、ふんわり生地からこんにちは。ヘルシーでおいしい飽きない包子。

編　キャベツの芯が多いときは、味つけやや濃いめの方がしっくりくる。

弾む豆腐のやさしい粉もの

周家豆腐捲《ゾウジャードウフージュエン》

P99 濃紺のバンダナとファンシーなフリルエプロンが似合う、おかみさんの李鴻雨さん。とにかくずっと動いている働き者。念願の粉ものの店を開いて奮闘中。

✦ 台北市信義區光復南路419巷106號
電話：（02）2722-2729
営業時間：6時～15時
（売り切れ次第終了）　無休
✦ 地図　P184 Ⓐ

前ページで紹介した野菜包子の店から徒歩およそ1分。同じく光復市場内に軒を連ねる人気店がこちら「周家豆腐捲」だ。「豆腐捲」（ドウフージュエン）という名前を聞いたときは、豆腐を巻いたお惣菜かなにかだと思っていた。正体は、炒めた豆腐を主とする具材を、小麦粉で作った生地に包んで焼いたものだった。なかなかに不思議な見た目。雨の日の朝10時半。迎えてくれたおかみさんの李鴻雨さんは止まることなく調理と接客をこなす。その合間に道行く人に笑顔で「哈囉～」（ハロー）と声をかけることも忘れない。あふれ出すバイタリティに圧倒される。

壁がない店先は、半分屋外。そこに歩道に面して大きな丸鉄板が2つあり、そこで常になにかしらが炒め、焼かれている。ふとおかみさんが鉄板の大きなフタを開けると、そこには大量の豆腐！　細かく砕かれたその豆腐たちを、両手に持ったコテでさらに豪快に炒めていく。コテさばきにほろほろと小さく崩れていく豆腐。聞くと30分はこうして炒めながら、ときにフタをして蒸し焼きにしていくのだという。その豆腐をたっぷりの塩コショウで味つける。ぽわんぽわんと鉄板の上で弾む豆腐の姿に、おいしそう感が漂う。これをキャベツ、白菜、ハルサメに炒り玉子と混ぜ合わせて生地

ⓐ「豆腐捲」。豆腐の弾力と野菜のシャキシャキがすてきなコントラスト。
ⓑ生地で包まれる前の具材。豆腐に炒り玉子、キャベツ、ハクサイと健康的。
ⓒこちらも人気の「韮菜盒」。塩気の効いたニラとあっさりな生地がよく合う！
ⓓできたてがどんどん並ぶが、どんどん売れていく。右側の蔥油餅も激美味。
P101㊤店の奥もキッチン。いたるところでみんな黙々と調理中。
P101㊦ガシャンガシャンとコテで豪快に豆腐を切り炒める！

で包み、またもや鉄板で焼いて完成だ。生地はサラリとしていて油っぽさが少しもなくて、それにナチュラルな味つけの具材がよく合う。ビジュアルのあっさり感に反して食べるとかなりのボリューム。これを2個、3個とみんな買って行く。

おかみさんの李さんは中国の黒龍江省がルーツ。ロシアに接する寒くて小麦粉食が盛んな地域で、幼いころから粉ものを食べて育った。いま店で出しているのもまさにそのおなじみの味で、それを少し小型化して改良し、商品とした。それだからこれらの粉ものの味と作り方は身にしみ込んでいるという。以前は自助餐（ズージューツァン：ビュッフェ式の定食屋さん）で働いていたが、ずっとこの懐かしい粉ものの店を開きたいと心にあって、7年前、自ら開業した。ちなみに店名が「周家」となっているのはご主人の名前が周さんだから。ご主人はデリバリーを担当し、取材中も帰って来てはすぐに新たなる配達先へと旅立って行った。その間も客足は途切れることなく、李さんとスタッフさんたちはフル稼働。個人的には蔥油餅も激しくオススメ。

營業時間：
小米粥
豆
小心

しっかり炒めた豆腐を包んだ〝お焼き〟のようなもの。見た目のわりにボリュームがあり、空腹を満たすパワーがすごい。お好みで醤油膏や甜辣醬をつけて。

【豆腐捲《ドウフージュエン》】…炒め豆腐の包み焼き

●材料（1〜2個）

＊生地の材料と作り方はP156を参照。

木綿豆腐　1/4個
卵　1/2〜1個
キャベツ　1/2枚
ハクサイ　1/2枚
ハルサメ　5〜8本
塩　小さじ1/2弱
コショウ　お好み
ゴマ油　小さじ1/2〜1
香菜　お好み

●作り方

①生地を作る（P156参照）。寝かせている間に具材の準備。野菜を洗い、水気を十分に拭き取って乾かす。
②木綿豆腐をキッチンペーパーで包み、上に重しをのせてしばらく置いて水切りをする。ハルサメは湯につけて戻しておく。
③キャベツ、ハクサイ、香菜、ハルサメをざっくりとみじん切りにし、塩ひとつまみ＋ゴマ油少々で和えておく。
④卵を溶き、熱したフライパンにゴマ油を引き炒める。
⑤十分に水切りした木綿豆腐を1〜2㎝角に切り、油を引いたフライパンでこんがりと焦げ目がつくまで念入りに炒める。色がついてきたら塩コショウで味つけ。豆腐はフライ返しで小さく切りながら炒める。
⑥野菜とハルサメ、炒り玉子、豆腐を混ぜ合わせて、具材の完成。それを生地で包んで焼く（P159を参照）。

編　野菜は水気が完全に乾いてから使ってね！　とは、おかみさんからの金言。

【韭菜盒《ジョウツァイハー》】…ニラの包み焼き

●材料（1〜2個）

＊生地の材料と作り方はP156を参照。

ニラ　4〜5本
卵　½〜1個
ハルサメ　5〜8本
塩　小さじ½弱
ゴマ油　小さじ½〜1

ニラと炒り玉子を塩とゴマ油で味つけしただけ、なのにこのおいしさ。いやだからこそのおいしさ！　何気にハルサメのプチプチとした食感が効いている。

●作り方

①生地を作る（P156参照）。寝かせている間に具材の準備。まずはニラを洗い、水気を十分に拭き取って乾かしておく。

②ハルサメを湯につけて戻しておく。

③ニラ、ハルサメをざっくりとみじん切りにし、塩ひとつまみ＋ゴマ油少々で和えておく。

④卵を溶いて、よく熱したフライパンにゴマ油を引き炒める。

⑤ニラとハルサメ、炒り玉子を混ぜ合わせて、具材の完成。あとはそれを生地で包んで焼く（P156を参照）。

編　具材の味つけはやや濃いめの方が、生地と合わさったときにいい塩梅に。

蜂蜜きらめくフレンチトースト

陳《チェン》根《ガン》找《ジャオ》茶《チャー》

「陳根找茶」（陳根さんをお茶に誘ってね、という意味）というなんとも変わった店名の朝ごはん屋さんは、ずっと気になる存在だった。台湾のオシャレ雑誌の朝ごはん特集で取り上げられていたり、ブログでも高評価をよく見かけるし、おいしい朝ごはん屋さんを検索していてもたびたび目にする。けれども立地が台北中心から少し外れているのでなかなか訪れる機会がなくてムズムズしていた。そうしたら今回の取材を受けていただけて、それが決まってからは行く日を密かに心待ちにしていた。するとなんと、取材日当日に台風が直撃するかも！　という緊急事態に。焦って駄目もとで事情を話して「今日これから行っていいですか」と聞いてみたところ即快諾。ここからして人のよさがグッと伝わってきた。ありがたく前倒しで訪れたのは平日の11時半。店は遅い朝ごはんの人、早い昼食の人でいっぱいだった。

迎えてくれたのはビビッドピンクのTシャツがまぶしい、柔和な笑顔がすてきなオーナーの陳根さんとイマドキスタイリッシュな息子の陳柏融さん。なるほど、店名の「陳根」はオーナーさんの名前だったのか。その由来を聞いたところ「インパクトがあっておもしろいでしょ」と陳根さん。淡いピンクと黄色、角丸になった棚などファンシー

P105　右がオーナーの陳根さん、左が息子の陳柏融さん。急な日程変更にもかかわらず快く迎えてくれた。人のよさがにじみ出る笑顔。醸し出すやわらかな雰囲気が似ている。

✦ 台北市信義區莊敬路391巷７號
電話：（02）2725-3696
営業時間：６時～12時半
（土・日は６時半～13時）　月曜定休
✦ 地図　P184 Ⓐ

NAVIGATION

ⓐミルクティーの中にはゴマたっぷり！「芝麻奶茶」。健康志向なドリンク。
ⓑチーズとハム、ツナ、目玉焼きをインしたホットサンド「乳火魚蛋」も美味。
ⓒでき上がったホットサンドやフレンチトーストはハサミで一口大に。
ⓓ前の店の内装をうまく生かした店作り。レイアウトは陳根さんが考えた。
P107㊤鉄板の上でパンがおいしそうに焼かれていく。
P107㊦蜂蜜きらめく「法乳火」はハムとチーズのフレンチトースト。

な内装は前の店舗の居抜きだというけれど、そのほんわかしたラブリーな雰囲気が陳根さんのチャーミングさととても合っている気がする。

　この店の名物はハムやチーズなどを挟んだフレンチトーストだ。鉄板で卵に浸けたパンを焼き、チーズとハムを挟み込む。仕上げに上から惜しげもなく蜂蜜をかければ、きらきらきらめく「法乳火」の完成だ。しっとりしたパンの食感にハムチーズの塩気と蜂蜜のやさしい甘さが想像以上の三重奏。小さく一口サイズにカットしてくれて、その小さな一切れを箸で食べるのも台湾らしくて楽しくなる。スタンダードなホットサンドなどメニューはほかにもいろいろ。お手製のオリジナルドリンクも気になる存在だ。

　この店をオープンして23年になるという陳根さんだが、以前はごく一般的な朝ごはんメニューを提供していたという。それでも悪くはなかったけれど、同じような店が多い中、なにか特別なものを売る店になりたくてこのフレンチトーストを開発した。そんなフレンチトーストももう10年。わざわざ食べに行きたい看板メニューに成長した。

ふわっ、ジュワッとしたフレンチトーストに、とろけるチーズとハムという至極の組み合わせ。トーストにきらめく蜂蜜の美しさにも心打たれるビジュアル系。

●陳根找茶

【法乳火《ファールーフォ》】…フレンチハムトースト

●材料（1人前）

食パン（6枚切り）　2枚
卵　1個
チェダーチーズ（とろけるタイプ）　1〜2枚
ハム　1〜2枚
蜂蜜　お好み
バター　お好み
サラダ油　少々

●作り方

①パンの耳を切り落とし、卵をよく溶いておく。
②パンを溶いた卵によく浸ける。その間にフライパンをよく熱しておく。
③フライパンが温まったらサラダ油を引き、パンの両面に軽く色がつくまで焼く。
④フライパンにバターを引き、パンの片面をさらに焼く。
⑤バターの面が内側になるようにチーズとハムをのせ、パンでサンド。上から蜂蜜をかけて完成。

コツあれこれ！

・溶き卵はバットや皿など、パン全体がしっかり浸けられる容器を使うとスムーズ。
・バターを片面だけに使うことでほんの少しコクが増す、店主のこだわり。

編　断然、蜂蜜は大量にかけるが勝ち。蜂蜜とチーズ、ハムの塩気がウマし。

籃球特尾樂
大福彩保證一億

原点は夜市な、鉄板焼きトースト

扶旺號《フーワンハオ》

P111　店のスタッフさんたち大集合！　黒い制服は鉄板焼きシェフ、黄色いTシャツはキッチンスタッフ。衣服は違えど一生懸命な働きっぷりは同じ。みんなチャーミング。

✦台北市大安區復興南路一段133-2號
電話：（02）2771-5736
営業時間：7時～16時（金・土・日は19時まで）
毎月最後の火曜日は定休
※ほかにも台北市内に支店あり。
http://www.fullwant.com.tw/
✦地図　P184 Ⓐ

傘下に鉄板焼きレストランやおかゆ店など5つのブランドを持つ企業が「扶旺號」の母体。そう聞くとなんだか大きなチェーン店で、スタイリッシュで画一的な商品が出てきてしまうのでは……と身構えてしまう。けれどもここは、そうではない。原点は夜市。創業者夫婦はいまからおよそ30年前、台北のウマいものが集まると評判の寧夏夜市（ニンシャーイエシー）で鉄板焼きの店をはじめ、そこから粛々と努力を積み上げて叩き上げで店を成長させた。それを二代目である潘威達さんがさらに発展させ、現在の様相になった。それゆえ「扶旺號」では鉄板焼きということに強くこだわりがある。鉄板と厳選素材と創意工夫を融合させて、ニュースタイルの朝昼ごはんを提供したいというのがポリシーだ。ちなみに店名にある扶旺とは一代目である潘扶旺さんの名前からきているもの。

木目と黒、そこに大きな黄色いブランドロゴが映える店先には、店の矜持である大きな鉄板がどんと鎮座する。オーダーが入ると鉄板の上で食材が華麗にさばかれていく。前の歩道を通るとその様子が目に飛び込んできて、それプラス漂ってくる香りに思わず足が止まる。肉や野菜だけでなく、パンも鉄板焼き。メニューはどれも台湾らしさを念頭においたものばかりで、そ

扶旺號
扶旺
扶旺號

ⓐ奥が「焼麻糬熱壓土司」。手前の「搖滾香蕉熱壓吐司」もスイーツ系。
ⓑ脂身多めの肉を甘めのしょうゆで炒めた「燒雪花牛吐司」。おいしい！
ⓒバター、砂糖、練乳のトリオの素朴なおいしさ「奶油煉乳吐司」。
ⓓポテサラチーズが入った「馬令其蛋捲餅」。おいしくないはずがない。
p113㊤大きな鉄板で選び抜いた食材を焼く。30年前から変わらぬこだわり。
p113㊦キッチンは整理されていて清潔。包み紙もかわいい。

れらを鉄板で仕上げることによりこの店ならではのオリジナルな美味が生まれるのだという。なかでも衝撃的だったのが「焼麻糬熱壓吐司」。具材がなんとモチ！　しかも中には甘いピーナッツ粉が入ったいわゆる大福的なモチを、濃厚なピーナッツクリームと合わせてホットサンドにするという、モチ大好きな台湾の人らしいすてきな組み合わせ。香ばしくパリッとしたトーストと大福の取り合わせはまるで新感覚のスイーツ。ほかにもポテトサラダ・イン・蛋餅的なロールタイプや、カキオムレツにインスパイアされたトースト、上質な牛肉を惜しげもなく使った雪花牛サンドなどなど食事系サンドも豊富。どれもこれも気になるラインアップで胃袋の許容量が圧倒的に足りない。

現在、台北市内に6店舗を構える「扶旺號」。訪れた復興店はMRT忠孝復興（ジョンシャオフーシン）駅すぐの遠東SOGOの裏手にあり、ビジネスパーソンから若者までさまざまな人が買いに来る。13時半でもお客さんは途切れず、店頭でスーツ姿の仕事ができそうな男女や、昼休みっぽい女子2人ができ上がりを待っていた。店の地下がイートインスペースになっていてその場でできたてを食べられるのもうれしい。そこでは若者グループたちがにぎやかに休憩中で、同じく席について熱いトーストを堪能してみた。そして思ったことは、次々新しい試みをするアグレッシブなこの店のさらなる発信にこのうえなく期待大、ということだった。

扶旺號

【奶油煉乳吐司《ナイヨウリエンルートゥースー》】

…バター練乳サンド

●材料（1人前）

食パン（8枚切り）　2枚
バター　お好み
練乳　お好み
砂糖　お好み

●作り方

①パンをトースターで焼く。
②焼いたパンの片面にバターを塗る。
③バターを塗った面の上に、1枚は練乳をたっぷりと、もう1枚は砂糖を少々まぶす。
④練乳と砂糖の面を合わせるようにサンドして完成。

練乳＋砂糖！　このシンプルな激甘コンビネーションは、素朴ながら間違いがないおいしさ。パンは薄めでサックリと、中は練乳バターでしっとりと。

編　パンはしっかり焼いた方がサクッとしていい感じ。

【焼麻糬熱壓吐司《サオマースウラアヤートゥースー》】

…大福のホットサンド

●材料（1人前）

食パン（8枚切り）　2枚
ミニ大福　2個
ピーナッツクリーム　お好み

●作り方

①パンの耳を切り落とし、2枚とも片面にピーナッツクリームをたっぷりと塗る。
②ピーナッツクリームの上に大福を並べて置き、パンでサンド。
③ホットサンドメーカーで焼き上げたら完成。

ホットサンドの中身が大福!?　こんなのアリ？　的なこの組み合わせがおいしいなんて、ちょっと驚き。香ばしいパンの中に温かい大福。まるで新感覚の和スイーツのよう！

コツあれこれ！

・店で使う大福の中身はあんこではなくピーナッツ粉。どんな大福を使うかはお好みで！
・店では大きな専用の大福を使用しているが、家で作るときは大きな大福1個より、小さな大福を2個入れた方が熱の通りと形が均等になる。

編　大福はコンビニやスーパーなどで売っている廉価なもので十分。

闇にきらめく炸蛋餅

重慶豆漿《チョンチンドウジャン》

P117 左が二代目である程旭聡さん、右がお母さんの陳政子さん。にこやかな笑顔に癒される。そのほか程さんの奥様、女性スタッフ数人で店を切り盛りしている。

✦台北市大同區重慶北路三段335巷32號
電話：（02）2585-1096
営業時間：5時〜11時半
（土・日は13時まで）　水曜定休
✦地図　P185 Ⓓ

空は濃紺。まだ陽ものぼらない秋の朝5時半の台北の路地は、ポツポツ街灯が通りを照らすくらい。学問の神様孔子を祀る「孔廟」（コンミャオ）と健康にご利益がある「大龍峒保安宮」（ダーロントンバオアンゴン）の北西、小さな店が軒を並べるその通りには、車も人もほとんどいない。近くにある朝からにぎわうローカルマーケット大龍市場（ダーロンシーチャン）でさえ、まだ静かだ。そんな時間に一軒こうこうと電気をつけた店があった。朝ごはん屋さん「重慶豆漿」。5時からオープンしていて、すでに仕込みもバッチリスタンバイオーケー。しばらく見ていたら、こんな明け方にもかかわらずお客さんはやって来た。しかも結構やって来る。徒歩で、自転車で、スクーターで、店頭でササッとテイクアウトしていく人たち。その流れるような仕草に、これがいつもの風景なのだと感じた。

ちょっと観察してから店に行くと、ニコニコ愛想のいいおじさんが迎えてくれた。二代目である程旭聡さんだ。店は程さんのお父さんが40年ほど前に創業し、20年ほど前に程さんが味もメニューも受け継いだという。店内は思ったより広くて、座って食べるスペースが十分にある。その客席をコの字に囲むように調理スペースがあって、数人のスタッフたちがキビキビ働いて

ⓐ「豆漿」はいわずもがな、米とピーナッツでもったり甘い「米漿」もよし！
ⓑこちらも評判「飯團」。巨大だけれど具材が多いので、意外にペロッといける。
ⓒここの「鹹豆漿」は塩で味つけ。ラー油は希望すれば先入れしてくれる。
ⓓ客席横では店主の程さんが蛋餅皮をせっせと製作中。熟練の技が光る。
P119㊤まだ外は暗いなか、ここだけ明るくて人がいる。お客さん朝早っ！
P119㊦「炸蛋餅」は揚げたてサクサク。菜脯の塩気が効いていてウマイ。

いる。軒先では揚げものの音、横では生地をこねる気配、後ろでは冷蔵庫の開け閉めが行われ、おいしいものが続々とでき上がってくる空気に胸が高鳴る。

メニューは豆乳、粉もの、おにぎりなどスタンダードな面々。どれも先代の時代からお客さんの反応を見ながら徐々に改良を重ねた精鋭ぞろいだ。なかでも揚げた蛋餅「炸蛋餅」が食べられるのがうれしい。いまではめっきり数を減らしたといわれる炸蛋餅の店。昔ながらの味でありながらなかなか出会えない存在だけに、出会えたときの喜びはひとしお。ここの炸蛋餅は生地に卵を入れ、練り込むネギの味つけには塩だけでなくラードとコショウを入れるスタイルで、挟む具は目玉揚げと、台湾ならではのダイコンの漬けもの「菜脯」（ツァイプー）。しっかりと味がついていてそのままでも十二分においしい。そこに自家製の豆乳を合わせても、米とピーナッツをすりつぶした「米漿」（ミージャン）を合わせてもナイスコンビネーションとなる。定番の巨大台湾式おにぎりや鹹豆漿もおいしくて、気づけば空は明るくなっていた。

剪燙髮

この店の蛋餅も揚げタイプで、パリッとカリッとした生地が心地よい。その中に目玉揚げと漬けもののインでほどよい塩気に食が進む。豆乳との相性も抜群。

【炸蛋餅《ザーダンビン》】…台湾式クレープ揚げバージョン

●材料（1人前）

＊蛋餅皮の材料と作り方はP150を参照。

ザーサイ　レンゲ1杯
卵　1個
塩　少々
コショウ　少々
サラダ油　適量
皮に＋α（ラード　少々、コショウ　少々、卵　1個）

●作り方

①蛋餅皮を作る（P150を参照）。この店の蛋餅皮にはラード、コショウ、卵が入っているので、生地をこねる段階で卵を入れ、P150の手順⑤のネギに味をつけるときにラードとコショウも加えて混ぜておく。

②生地を寝かせている間にザーサイをみじん切りにする。

③フライパンにサラダ油を約1cm入れて熱する。

④蛋餅皮を入れ、薄く色がついたらひっくり返す。卵を割り入れて目玉揚げを作る。

⑤蛋餅皮がうっすら色づいてきたら目玉揚げをのせ、その上に②のザーサイをのせて塩コショウをふる。

⑥皮を三つ折りまたは二つ折りにして表面が明るいブラウンになるまで揚げる。油を切って、食べやすい大きさに切り完成。

編　塩コショウが効いているのでそのまま食べるのがいい感じ。

巨大な俵型おにぎりは台湾ならではの姿。具材は油條（揚げパン）や卵、漬けものなど店によって多種多様。好きなものをギュッと詰め込んで楽しむべし！

【飯團《ファントゥアン》】…台湾式おにぎり

●**材料**（1人前）

もち米　お椀1～1.5杯分
ザーサイ　レンゲ1杯
肉鬆（肉でんぶ）
　レンゲ1杯
卵　1個
油條
（作り方はP152参照）
おにぎりサイズ1本
塩、コショウ　お好み
サラダ油　適量

●**作り方**

①洗ったもち米を一晩水に浸け、翌日それを炊いておく。
②ザーサイはみじん切りに、油條はおにぎりの仕上がりサイズに合わせてカット。
③フライパンにサラダ油を入れ、目玉揚げを作る。塩コショウで味つけ。
④ふきんの上にラップを大きめにカットしてのせ、そのラップの上に炊いたもち米を薄く伸ばす（ⓐ）。
⑤ザーサイ、肉鬆、油條、目玉揚げの順でのせていき、ふきんごと手にもってにぎる。
⑥もち米が足りなければ上から足して、具がきっちり包み込まれるように（ⓑ）。

コツあれこれ!

目玉揚げは、普通に目玉焼きでも問題ない。もち米は少し硬めに炊くとにぎりやすい。

編　油條はなければ天ぷらや天かす、パンの耳を揚げたものでもいいかも。

【鹹豆漿《シェンドウジャン》】…豆乳のスープ

●材料（1人前／お椀1杯分）
豆乳　180〜200㎖
ザーサイ　小さじ山盛り½〜1
肉鬆（肉でんぶ）　小さじ1
切った油條（揚げパン。作り方はP152参照）　3〜4かけ
ネギ（小口切り）　お好み
塩　3つまみ
酢　小さじ1〜1.5
ゴマ油　少々
ラー油　お好み

●作り方
①ザーサイはみじん切りに、油條は2㎝ほどの幅にカットする。
②豆乳を温める。弱火で吹きこぼれないよう注意して。
③豆乳を温めている間にお椀に材料を入れておく。肉鬆、ネギ、酢、ザーサイ、塩、油條、ゴマ油の順番で。
④豆乳が十分温まったら③の器に豆乳を入れて、お好みでラー油をたらして完成。

ここの鹹豆漿はしょうゆを入れず、塩と食材の旨味だけで勝負するタイプ。塩の入れ具合がかなり味を左右するので、少しずつ入れていい塩梅を探してみて。

コツあれこれ！

代用食材やアレンジについてはP137を参照。

編　しょうゆが入らないからか豆乳の味がよりダイレクトな感じ。

肉×甘さのあっぱれセンス

★可蜜達《カァミーダー》 Comida《コミダ》 炭烤吐司《タンカオトゥースー》

P125 左がおかみさんの余明樺さん、右は余さん曰く「店のことはなんでもできる頼もしい子」というスタッフの邱孳さん。ご主人は出て来られないくらい忙しかった！

✦台北市中山區林森北路310巷24號
電話：（02）2523-5323
営業時間：7時～売り切れ次第終了
（土日は12時まで）　月・火曜定休
✦地図　P185 Ⓑ

すでに台湾好き旅行者の間では有名なここ「可蜜達 Comida炭烤吐司」は、サンドイッチ系朝ごはんならやっぱり一度は訪れてみたい人気の店。「コミダ」と読める変わった名前はもしかして日本語？ と思っていたけれど、おかみさんの余明樺さんによるとスペイン語なのだとか。Comidaで食べものという意味を指し、「スペインが好きだからこの名前にしたの」と素朴な笑顔で返してくれた。

店がオープンしたのは2015年4月1日。以前は麻油雞（マーヨウジー）の屋台をしていたが、パンが好きでずっと朝ごはん屋さんをやりたいと思っていて、そんな折りたまたま店を譲るという広告を見つけた。それがいまの店舗だった。場所は繁華街でもありビジネス街でもあるMRT中山駅に近く、林森北路（リンセンベイルー）を西に入った道沿いのビル1階。隣には日本人も多く住むというマンションもある便利な立地だ。料理人であるご主人の陳佑瑲さんはおもにキッチン担当で、余さんは接客担当。ほかに数名のスタッフもキッチンで調理を担うが、いつも大忙しだ。

メニューはおもに炭火焼きした食パンで作るサンドイッチ。メインの具材となる豚肉は市場から仕入れ、それをしょうゆ、氷砂糖、レモン汁、ゴマ油、米酒で一晩漬け込んで焼き上げる。

Comida
可蜜達
炭烤吐司
(02)2523-5323
台北市中山區林森北路310巷24號
可蜜達 意者內洽
尋寶屋
徵
意者內洽
營業時間
早上七點
到售完為止

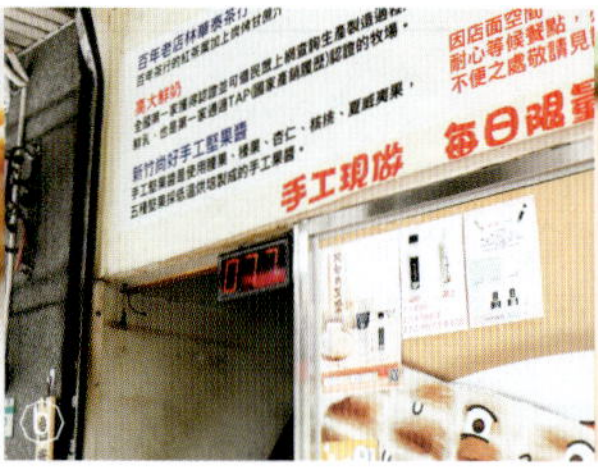

ⓐおかみさんのいつもごはんを再現した人気裏メニュー「白起士法式吐司」。
ⓑ看板には「現場で手作り、毎日数量限定」とのキャッチコピーが。
ⓒサトウキビの甘みがおいしい「炭焼甘蔗紅茶」もあわせてどうぞ。
ⓓオーダーは店先にある用紙に記入して、おかみさんに渡すスタイル。
P127㊤でき上がりを待つ人、食べる人で人だかり。手前は別のカフェ。
P127㊦「可可起士豬肉荷包蛋吐司」。チョコ×豚肉×卵×チーズというコラボ！

これが甘さのなかにほんのわずかに酸味が効いていて、おいしい。その豚肉を目玉焼きとチーズ、さらにチョコレートソースを組み合わせてサンドする「可可起士豬肉荷包蛋吐司」なんかは甘々な味なのにしっかりと食事として成り立っているから、そのセンスに思わず脱帽。トーストに塗るマヨネーズはレモン汁、砂糖、サラダ油、卵で作る自家製で、ドリンクには砂糖を使わず彰化（ザンホァ）の農家から取り寄せたサトウキビを使うなど、極力天然の食材を使うことに心を砕いている。メニューには載っていないいわゆる〝裏メニュー〟ながら、余さんがいつも家で食べているものを再現したとろけるチーズのフレンチトーストも美味。

　訪れたのは平日の9時過ぎとやや遅い朝だったにもかかわらず、店前の歩道にあるテーブルは常に満席。テーブル席は女子率高め、テイクアウトは男子サラリーマンも多く、ワイシャツにスラックス姿のかっぷくのよいお兄ちゃんは店で食べてから、さらに追加でテイクアウト分を注文していた。なかには海外から来たという観光女子もいて、その人気っぷりに驚いた。

金助乾洗名店
2561-9221
徵
營業時間
早上七點
到售完為止
公休

可蜜達 Comida 炭烤吐司

【可《カァ》可《カァ》起《チー》士《スー》豬《ジュー》肉《ロウ》荷《ハー》包《バオ》蛋《ダン》吐《トゥー》司《スー》】

…豚肉と目玉焼きのチョコチーズサンド

豚肉とチーズを、チョコレートソースを塗ったパンで挟むという甘さ×塩気の台湾らしいコラボサンド。肉も甘いけれどレモン汁の酸味がほのかに爽やか。

●材料(1人前)

- 食パン(6枚切り) 2枚
- 豚肉(ショウガ焼き用) 2枚
- チェダーチーズ(とろけるタイプ) 1枚
- 卵 1個
- サラダ油 少々
- チョコレートソース お好み
- 台湾マヨネーズ お好み

A
- しょうゆ 小さじ½
- 氷砂糖 1〜2粒
- レモン汁 小さじ1〜2
- ゴマ油 小さじ½弱
- 米酒(なければ料理酒) 小さじ½

●作り方

①ビニール袋に豚肉とAの調味料を入れてよく揉み込み、冷蔵庫で一晩置く。

②パンの耳を切り落としてオーブンで軽く焦げ目がつくくらい焼く。その間によく熱したフライパンにサラダ油を引き①を焼く。

③肉が焼けたら目玉焼きを作る。

④焼いたパン1枚の片面に台湾マヨネーズ、もう1枚の片面にチョコレートソースを塗り、チョコレートソースの面の上に豚肉、チーズ、目玉焼きの順にのせて、マヨネーズの面を内側にしてパンで挟む。

編 チョコレートソースはパン用のもの。塗り過ぎると食べるときこぼれる。

思い出再現レシピ

【白《バイ》起《チー》士《スー》法《ファー》式《シー》吐《トゥー》司《スー》】

…とろけるチーズのフレンチトースト

●材料（1人前）

食パン（6枚切り）　2枚
チーズ（とろけるタイプ）　1枚
卵　1個
豆乳　お好み
練乳　お好み
サラダ油　少々

●作り方

①溶いた卵に豆乳を少し入れ、そこに耳を切り落としたパンをよく浸す。
②よく熱したフライパンにサラダ油を引き、①を両面にしっかり焼き色がつくまで焼く。
③焼いたパンにチーズを挟み、3つに切る。
④皿に盛ったら上からたっぷりと練乳をかける。

見るからに高カロリーそうな、けれどもその濃厚な甘さとおいしさに脳が覚醒する感じは病みつきになる。ブラックコーヒーと交互に食べればおいしさ倍増。

コツあれこれ！

・豆乳の量はお好みで。入れなくて卵だけでもおいしい。
・チーズはパンの余熱でしっかりとろける。

129 編 恐れず、ためらわず、練乳は大量オンが正解！　甘さにうっとり。

マジカル焼餅

★和記豆漿店《ハージードウジャンディエン》

おいし過ぎて、なにがどうなっているのかわからない。このふんわり感、なのにサクッとしていて塩味ちょうどよく、口に当たるとモチモチ気持ちがよくて……。そしてこの厚み！　これ本当に焼餅ですか？　と尋ねたくなるような衝撃的かつ感動的なおいしさで、押さえきれず帰り間際にもう一個頼んでしまった。そんなマジカルでミラクルな焼餅に出会ったのは「和記豆漿店」。台北の中心からやや東南に外れたエリアの、MRT「麟光」（リングァン）駅という聞き慣れない駅が最寄りの場所にある。駅から出ると少し遠くに店が見える。降りしきる雨にもかかわらず行列も見える。ここはグルメな地元メディアの人がおいしいと教えてくれたが、あまり取材は受けていないところだとも教えてくれた。一応店の娘さんに話しは通していたけれど、緊張。行列が短くなってから訪問した。

　店主の陳さんの第一印象は、ちょっと怖そうな職人さん。店内にある長台で生地をこね、どんどんと形成しては店頭のドラム缶式オーブンの中に貼り付けて焼き上げていく。店はお客さんがいるのに静かで、その雰囲気に勝手に怖じ気づきながら陳さんの動きをしばし観察する。陳さんがこねる焼餅の生地は動かされるたびにフワンフワン揺れて、見ているだけでやわらか

P131　店主の陳さん。店では奥様と娘さんもともに働く。基本的に強面な陳さん。声をかけた振り向き様にまさかのピース！　ほんの一瞬、奇跡の瞬間。ありがとうございました！

✦台北市信義區和平東路三段
463巷2-2號（MRT麟光駅近く）
電話：（02）2733-5473
営業時間：7時〜11時半　水曜定休

✦地図　P185 Ⓗ

甜酥餅
蛋餅
甜豆漿
鹹豆漿

ⓐ「鹹酥餅」の中身はラードと塩とネギ！　パリッとした皮の中の塩味が抜群。

ⓑ延々と「鹹酥餅」を作り続けていたおかみさん。ゆっくり手つきにほっこり。

ⓒ焼餅のパートナーにはこの「鹹豆漿」。もしくはほんのり甘い豆漿も合う。

ⓓ店は道路に面したオープンスタイル。雨でも客足はひっきりなし。

P133㊤ドラム式オーブンは炭火。フチに焼きたての「焼餅」が並ぶ。ネギ入りはこの店ならでは。

P133㊦店主の陳さんが焼餅の生地を作っているところ。このフワフワ感！

そう。ドラム式のオーブンは足下にあるフイゴでこまめに送風し、火力を調節しているようだ。その横では奥様が座ってメニューのひとつである鹹酥餅を淡々と包み、反対側では娘さんがチャキチャキと豆乳を入れたり玉子焼きを仕上げていく。

　店に入ってかなり時間が経ってから、陳さんに話しかけてみた。焼餅を作る秘訣は？　に対しては「経験だよ」。何度聞いても「ちょっとやそっとではできないよ」「経験が大事だよ」とのお言葉。けれどいろいろ話しかけているうちにほんの少しだけ空気がやわらかくなってきた。もとは中国の江北出身の師匠がはじめた店で、そこに弟子入りした陳さんが後を継いだ。店の歴史は40年くらい。忙しいのにぶっきらぼうでも答えてくれて、たまに店先で佇む姿はかっこよかった。

　この店の焼餅だけは、正直どれだけ試しても完全には近づけなかった。再現レシピではふわっと気分を味わって、本物はぜひとも現地で。真似のできない魔法のようなこの味わいを、地元っ子たちに交ざってならって騒がず粛々と堪能してほしい。

和記豆漿店

【焼餅夾蛋《サオビンジァーダン》】…サオビンの玉子焼きサンド

●材料（1人前）

＊焼餅の材料と作り方はP154を参照。

卵　1個

ネギ（小口切り）　お好み

塩　お好み

サラダ油　少々

●作り方

①焼餅を作る（P154を参照）。生地を寝かせている間に卵を溶いて、そこに小口切りにしたネギと塩を混ぜておく。

②フライパンにサラダ油を引き、ネギと塩を入れた溶き卵を焼く。

③でき上がった焼餅を開いて、②の玉子焼きを挟む。

焼餅は玉子焼きを挟むのが定番。しかしながら「和記豆漿店」の陳さんのあの焼餅には何度やっても近づけなかった。匠の技に感激しながら雰囲気を味わう。

編　最後にオーブントースターで軽く焼くとよりパリッと香ばしくなる。

〈鹹酥餅《シエンスービン》〉

…ラードとネギのお焼き

●材料（1人前）

＊生地の材料と作り方はP154を参照。

ラード　小さじ1～2
塩　お好み
ネギ（小口切り）　お好み

具材のラードは焼くと溶けてなくなるので、コテッとした味わいと塩気だけが残る。それがネギと合わさって美味。メインというよりサイドメニュー的存在。

●作り方

①生地を作る（P154を参照）。
②ラードに塩を混ぜる。味つけは少しずつ入れながら味見して、お好みで。
③ラードに塩を混ぜたものを生地にのせ、その上にネギをたっぷりのせて包んで焼く（P158を参照）。

コツあれこれ！

店の鹹酥餅はパイのようなサクサク感があったが、それは難易度が高いのでこのレシピではお焼き風で再現。

編　ラードの味つけは塩多めのほうが、焼いたときにしっかり味が残っておいしい。

鹹豆漿の具、いろいろ！

台湾の朝ごはん代表選手といえば、「鹹豆漿」（シエンドウジャン）。アツアツに熱した豆乳に、しょうゆや酢、干しエビや漬けもの、ネギや油條を入れて食べるスープだけれど、店によって調味料ばかりか具材も違ったりする。店にならったレシピはもちろんしっかりおいしい。ただ、たまには冒険してみるのも楽しいもの。そうすれば意外なベストマッチに出会うこともあるかもしれない。ないものは身近にあるもので代用しても思いのほか大丈夫だし、油條も作るのが面倒ならパンなどで代用してお手軽に。

鹹豆漿
アレンジのコツ！

★下の写真は左上から時計回りにザーサイ、ツナ缶、サケフレーク、しらす、メンマ。それぞれを入れて試してみた。ザーサイはいわずもがな間違いないおいしさ。ツナ缶も少し油っぽいけれど悪くはない。サケフレークは少し生ぐささがあるかも……？　しらす、メンマもイケた。

★油條（ヨウティアオ）がなければ、バゲットやパンの耳を揚げたものでもいい。バゲットやパンの耳はオーブントースターでカリカリに焼いても鹹豆漿らしい雰囲気は出た。クルトンでもいいかも。

羅かあさんの真面目ビーフン

羅媽媽米粉湯《ルォマーマーミーフェンタン》

P139 店主の羅游粉妹さん。お花模様のシャツに負けないくらいの花のある笑顔！　この日は偶然テレビの取材も入っていて、その人気の高さがうかがえた。

✦台北市中正區信義路二段87號
（東門市場新館17號）
電話：（02）2351-3352
営業時間：7時～15時半　月曜定休
✦地図　P185 G

「羅媽媽米粉湯」、意味は「羅かあさんのビーフンスープ」。そう、ここは御年85歳になる〝羅かあさん〟こと羅游粉妹さんの作り上げた店だ。いまも現役で店頭に立つ姿、その明るく花のある笑顔に心がほわんとあたたかくなる。羅さんはビーフンの名産地である新竹（シンジュー）出身の客家（ハッカ）。実家は農家で自身も稲刈りをしたりと家業を手伝っていた。しかし40年以上も前のこと、ご主人のお父さんが台北で薬局を開き、そこを訪れたときに向かいの店舗が貸し出し中だったのを見てそこで店をしようと思い立った。それが、ここ東門市場（ドンメンシーチャン）の一角だった。

　店名にもなっている米粉湯は、豚の肉、骨、モツなど数種にもおよぶ部位を煮込んだスープで食べるビーフン。その肉の旨味が凝縮されたスープのすばらしさは、食材の新鮮さと徹底した下ごしらえにある。東門市場の中にあるという立地柄、店の近くは精肉店も多く仕入れの環境はとびきり。下ごしらえのポイントは早朝、市場の中の細い細い通路を入ったコンクリートの空間で、驚くほどのスピードでスタッフたちがきれいに丁寧にさばいていく熟練の技にある。さらにこだわるのは油蔥酥（ヨウツォンスー）は自家製であること。週に2回、大量の刻んだ

ⓐテーブルの上には各種調味料がズラリ。お好みでいろいろカスタマイズ可能。

ⓑスープで煮込まれた厚揚げ「油豆腐」もみんなよく頼んでいた。

ⓒじっくり揚げられる油蔥酥。羅さんはときに日本語の民謡を歌いながら作業。

ⓓ年季の入った市場の雰囲気もいい具合。いろいろ気になる店も並んでいる。

P141「米粉湯」。ごはん茶碗ほどの器に山盛りビーフン。これプラスサイドメニュー1、2品が地元っ子流。おじさんもおばさんもお姉さんも朝からガッツリいっていた。

台湾エシャロットを大鍋に入れたたっぷりの油で揚げる。しかも一気に揚げるのではなく、じっくり20〜30分も時間をかけて混ぜながら火を通すのだ。そしてもうじき揚がる、というころに、鍋の中にしょうゆを投入。これが香りの決め手だと羅さんは教えてくれた。スープと油蔥酥が入ったビーフンの澄んだ味は、食べると胃をじわじわっとあたためてくれる。テーブルにあるコショウや酢でアレンジしてもおいしい。サイドメニューの厚揚げや豚肉、モツの煮込みも必須オーダーものだ。

　こんなにおいしい米粉湯を、羅さんは誰に習ったわけでもなくすべて自分で試しながら作り上げてきたという。客家だからビーフンはよく食べるし、食べ慣れているから料理するのが上手だと言うが、朝7時からすでに満席になるほどの支持を得るにはどれほどの試行錯誤があったか知れない。店をはじめて40年以上経ち、店舗の区画も最初の1つから3つにまで増えた。「只要認真」（ただ真面目でさえあれば）。そう何度かつぶやいた羅さんの言葉が、味と笑顔とともに頭に残っている。

豚の肉、骨、モツを丁寧に下処理し、じっくりと煮込んだスープで味わうビーフンは豚の旨味のオーケストラ。家庭で作るならコンソメの力を借りて雰囲気を味わって。

【米粉湯《ミーフェンタン》】…ビーフンのスープ

●材料（3～4人前）

ビーフン　約150g
豚の骨付き肉　約300g
水　1000～1500㎖
塩　2つまみ
コンソメスープの素　½～1個
油蔥酥（フライド台湾エシャロット）　お好み
厚揚げ　1個
コショウ　お好み

●作り方

①鍋に豚の骨付き肉と水を入れて煮込む。水は肉がすべて浸るくらいが目安、鍋の大きさによって変わるので臨機応変に。はじめは強火で沸騰したらアクを取り、その後弱火にして20～30分ほど煮る。

②スープを作っている間にビーフンを手で10㎝前後に折り、熱湯で1～2分湯がいておく。厚揚げも食べやすい大きさに切っておく。

③①のスープができ上がってきたら塩とコンソメスープの素を入れ、戻しておいたビーフンと厚揚げ、油蔥酥も入れていっしょに5分ほど煮込む。

④お好みでコショウをふりかけてどうぞ。

コツあれこれ!

・羅媽媽の店ではコンソメスープの素は入れず肉とモツの旨味のみでスープを作っているが、家庭で店のように何種もの肉を大量に煮込むのは難しい！　研究の結果、コンソメスープの素で味が近づいた。
・油蔥酥はなければフライドオニオンで代用可。

編　ビーフンはくったくたに煮込むのがお店っぽい！　コショウはアリがいい感じ。

お父さんの手作り朝ごはん

台湾では朝ごはんを外で食べる人が多いけれど、家で作る派の人もいる。ということで台北の一般のご家庭にお邪魔して、いつもお父さんが作っているというお得意の麺料理を作っていただいた。

使うのは「麵線」（ミェンシエン）。塩味がしっかりとついた素麺のような麺だ。これを茹でて醤油膏、沙茶醬などをブレンドしたオリジナルソースに絡めて食べるのがお父さんの定番。手慣れた様子で素早く調理する様子に、〝いつも感〟が漂う。見た目は普通の汁なし麺。器の底にソースがあるので箸でよ〜く混ぜて食べるべし。これがすごくおいしい！　つるり、するりとあっという間に完食。これが朝出てきたら感激だなと、明るいリビングでふとまったりしてしまった。すてきな台湾の朝に謝謝。

麺線は袋入りでスーパーや市場などで手軽に買える。かなりの細麺なのですぐ茹で上がるのもいいところ。食堂や屋台ではカツオ風のとろみスープに入って出てくることが多いが、麻油雞（マーヨウジー）の汁と和える麻油麺線もナイス。

ソースの材料。左から沙茶醬（サーチャージャン：魚介ベースのソース）、醬油膏（ジャンヨウガオ）、蔭油（インヨウ：黒豆で作ったしょうゆ）、花生油（ホァセンヨウ：ピーナッツ油）、ニンニク（みじん切りにする）。それらを器に入れて混ぜるだけ。蔭油はお好みで入れても入れなくても。汁なし麺なのでソースは麺に絡まるくらいの少なめでOK。分量は完全お好みで！

はじめに

粉ものを作ってみる

蛋餅、油條、燒餅、饅頭――台湾の朝ごはんには魅力的な〝粉もの〟が目白押し。
そんな粉ものの朝ごはん屋さんたちで見聞きした作り方を、
さらに簡単にご自宅バージョンにしてお届け。
はじめは難しいけれど、慣れてくると粉をこねている時間すらも楽しくて
生地のやわらかさに癒される、そんなひとときが訪れるはず！

粉は基本的に「薄力粉＋強力粉」をブレンドしています。朝ごはん屋さんで使っている粉を聞くと、大概「中筋麵粉」（ゾンジンミェンフェン：中力粉）と教えてくれたため。日本のスーパーで中力粉を探してもあまり見かけなかったのでブレンドして使うことにしました。

作るものによって薄力粉と強力粉のブレンド比率を変えています。両者の違いはグルテンの含有量。薄力粉はクッキーや天ぷらの衣などサクッとした食感のもの、強力粉はパンや餃子の皮などモチモチした食感のものに適しているそうです。売っている粉の袋に書いてあったりもします。

粉に入れるのは「ぬるま湯」が基本。「熱くても冷たくても駄目だよ！」とは蛋餅作りの名手である喜多士豆漿店の店主の言。ぬるま湯は一気に入れず、まずは3分の2ほど入れて、その後は生地の様子を見ながら少しずつ加えていくと失敗しにくくオススメです。

◆生地を寝かせるのは20度程度が適温。夏や暖かい時季は冷蔵庫で、冬は室温でも十分。きちんと寝かせていない生地は硬くて伸ばせないけれど、発酵し過ぎにも気をつけて。

◆生地を形作るときは、台の上に粉をまぶして生地がくっつかないようにします。これを「打ち粉」といい、薄力粉でも強力粉でもどちらでも大丈夫。綿棒にも粉をまぶしておけば作業がスムーズ！

◆粉ものの生地作りは気温や湿度、天気、手の温度などによって材料の量や作業時間などが変わってきます。どの店の人も「経験が大事」と口を揃えていました。実際同じ料理を同じ材料で作っても、天気や自分の状態などによって微妙に仕上がりが違ってびっくり。そうして何度も作っているうちに、もう少しぬるま湯を足した方がいいなとか、もう少し寝かせた方がいいなというのが感覚としてわかってくるようになってくるから不思議。

◆本書では極力特別な器具を使わない作り方を紹介しています。たとえば焼餅はフライパンで焼き、包子や饅頭は鍋で蒸すなど。ですが、もしオーブンや蒸し器、電鍋を持っている場合はそれらを活用するとよりよい仕上がりになると思いますので、ぜひ試してみてください！

粉もの、生地作りの基本工程

粉ものの生地作りは材料、分量の違いはあれど、粉にぬるま湯を混ぜてこねるところまではほぼ同じ作業。基本は薄力粉、強力粉、ぬるま湯の三点セットで、そこにドライイーストが入ったり、オリーブ油が入ったりと料理によってプラスアルファが発生する。そして粉をこねて寝かせて、それ以降の成形からそれぞれの手順へとつながっていく。分量はそれぞれの作り方の「材料」をご参照あれ。

●作り方

①薄力粉と強力粉をボウルに入れてざっくりかき混ぜる（ⓐ、ⓑ）。
②ぬるま湯を3分の2ほど加えて、菜箸などで混ぜていく（ⓒ、ⓓ、ⓔ）。
③途中で残ったぬるま湯を少しずつ加えて様子を見ながら、生地がなんとなくまとまってくるまで混ぜる（ⓕ、ⓖ）。
④生地がまとまってきたら手でこねる。掌で押すように何度もこねる（ⓗ）。
⑤こねていると生地がやわらかく、つやつやとなってくるので、そこまでこねる。時間にして10分ほど。このあとラップをして所用時間寝かせる。時間はそれぞれのレシピ参照（ⓘ）。

基本工程

＼開始！／

1

2

3

ここから
それぞれの工程へ！

【蛋餅皮《ダンビンピー》】

●調理例…P76、82、120

●材料（小さめ3～4枚分）

薄力粉　100g
強力粉　100g
ぬるま湯　120～140㎖
ネギ（小口切り）　お好み
塩　お好み
サラダ油　適量

●作り方

①～⑤はP148～149の手順通りに。生地はボウルにラップをして4時間ほど寝かせる。その間にネギに塩を混ぜて味をつけておく。
⑥台の上に打ち粉をして、寝かせておいた生地を置き掌で押して少し伸ばす（ⓐ）。
⑦麺棒で伸ばす。厚さはお好みで（ⓑ）。
⑧生地の上、全体的に塩で味をつけておいたネギをまぶす（ⓒ）。
⑨生地を端からクルクル巻く（ⓓ）。
⑩全部巻いて棒状にしたらお好みのサイズにカット（ⓔ、ⓕ、ⓖ）。
⑪カットしたものの切り口をつまんで塞ぐ（ⓗ、ⓘ）。
⑫つまんだ部分が上下になるように置き、上から掌で押し潰す（ⓙ、ⓚ）。
⑬麺棒で厚さ5～8㎜ぐらいになるまで伸ばす（ⓛ、ⓜ）。
⑭これで生地の完成。炸蛋餅はこの生地をそのまま揚げる（ⓝ）。
⑮焼きタイプの蛋餅の場合は、熱したフライパンにサラダ油を引き、両面を焼き色がつくまで焼いて使う（ⓞ）。

ひとくちメモ

・生地に卵を混ぜる店もあり。
・ネギは塩以外にコショウやラードを加えるところも。
・フライパンできっちり焼けるサイズにするのがオススメ。

編　P148～165　粉ものの作例製作日の条件はすべて10月某日、雨、気温17度。

6
a
7
b
8
c
9
d
e
10
f
g
11
h
i
12
j
k
13
l
m
14
n
o
15

【油條《ヨウティアオ》】

●調理例…P30、77、121、122

●材料（小さめ3～4本分）

薄力粉　50g
強力粉　60g
ぬるま湯　60～70㎖
ドライイースト　小さじ1/4程度
砂糖　少々
塩　少々
サラダ油　適量

●作り方

①～⑤はP148～149の手順通りに。ただし手順①のときに塩、砂糖、ドライイーストも入れて混ぜること（ⓐ）。
⑥ボウルにラップをして3～4時間ほど寝かせる（ⓑ）。
⑦膨張した生地。かなり大きくやわらかくなる（ⓒ）。
⑧台の上に打ち粉をして、寝かせておいた生地を置き掌で押し伸ばし、さらに麺棒で厚さ5～8㎜ぐらいになるまで伸ばす（ⓓ、ⓔ）。
⑨伸ばした生地を2～3㎝幅の等間隔に切る（ⓕ、ⓖ、ⓗ）。
⑩生地を2枚ずつ重ねる（ⓘ）。
⑪重ねた生地の中央に箸やナイフの背を強く押し込み、跡をつける（ⓙ）。
⑫フライパンにサラダ油を入れて、揚げる（ⓚ）。

ひとくちメモ

・生地サイズはフライパンにきちんと収まるくらいがベスト。
・重ねた生地に跡をつけるのは細長いものであればなんでもOK。ただしあまり細いものだと生地が切れてしまうので注意。
・重ねた生地につけた跡が生地の接着剤の役割を果たして、あの独特の形状になる。揚げているとはがれてしまうこともあるので、心配なら生地と生地の間に少し水をつけると安心。
・サラダ油はフライパンに1㎝程度と少なめでも、サイズ小さめの油條なら回しながら揚げればしっかり火が通った。

編　飯團（おにぎり）には油條を二度揚げした「老油條」を使うこだわり店も。

1
a
6
b
7
c
8
d
e
9
f
g
h
10
i
ポイント
j
11
12
k

【焼餅《サオビン》】

●調理例…P28、134、135

●材料（小さめ2枚＋鹹酥餅1個分）

薄力粉　30g
強力粉　110g
ぬるま湯　70〜90㎖
ネギ（小口切り）　お好み
塩　お好み
白ゴマ　お好み
サラダ油　適量

●作り方

①〜⑤はP148〜149の手順通りに。生地はボウルにラップをして30分〜1時間ほど寝かせる。その間にネギに塩を混ぜて味をつけておく。
⑥台の上に打ち粉をして、寝かせておいた生地を置き長方形にする（a、b）。
⑦麺棒で伸ばす。厚さはお好みで（c）。
⑧生地の上全体的にサラダ油を薄く塗る（d）。
⑨塩味をつけておいたネギを、生地の中央にのせていく（e）。
⑩ネギを包むように生地を三つ折りにする（f、g、h）。
⑪生地の中央に麺棒で軽くへこみをつける（i、j）。
⑫表面にサラダ油をまんべんなく塗り、塩、白ゴマをまぶす（k、l）。
⑬適当な大きさにカットする。端は今回鹹酥餅を作るために少しとっておいたが、すべてを焼餅のために使ってもOK（m）。
⑭よく熱したフライパンにサラダ油を引き、フタをして弱火で焼く。焼き色がついてきたらひっくり返してもう片面も焼く。きっちり両面に焼き色がついたら完成（n）。

ひとくちメモ

・焼餅は通常二つ折りだが、ここでは和記豆漿店の作り方にならって三つ折りに。
・作例は厚めだが、もっと薄く作れば焼き時間も短く失敗の可能性も減る。はじめは薄めから作るのがオススメ。ネギは店によって入れたり入れなかったり。お好みでどうぞ。
・鹹酥餅で使う部分にはネギ、白ゴマは入れないようにする。

編　表面にまぶす塩は、若干多めがおいしい！

同じ生地でもう一品！

鹹酥餅はP158へ

【韭菜盒《ジョウツァイハー》】

●調理例…P102、103

●材料（2個分）

薄力粉　50g
強力粉　50g
ぬるま湯　60〜70mℓ
サラダ油　適量
水　適量
＊具材はP103参照

●作り方

①〜⑤はP148〜149の手順通りに。生地はボウルにラップをして20〜30分寝かせる。
⑥台の上に打ち粉をして、寝かせておいた生地を半分にする（a、b、c）。
⑦麺棒で伸ばす。直径20cmほど、やや薄めに（d）。
⑧具材を上半分のところに置き、生地を二つ折りにして包む（e、f、g）。
⑨生地の端は指で押して接着していく。より強固に口を閉じるなら水でくっつけるとよい（h、i、j）。
⑩熱したフライパンにサラダ油を引き、フタをして両面を焼き色がつくまで焼く（k）。
⑪途中で少し水を差し、蒸気で蒸し焼きに。水気がなくなったら完成（l）。

ひとくちメモ

焼いている途中水を差すことでモチモチになる。水の量は50〜80mℓぐらいが目安。足りないと思ったら追加しても大丈夫。

編　作例はかなり大きめサイズなので、１人分ならこの半分でもいいかも。

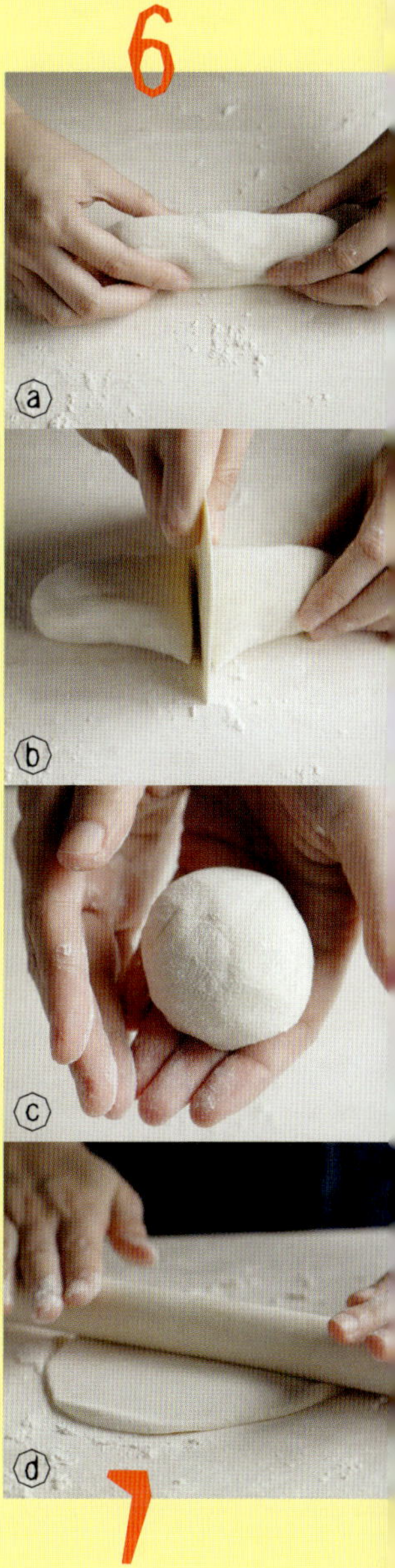

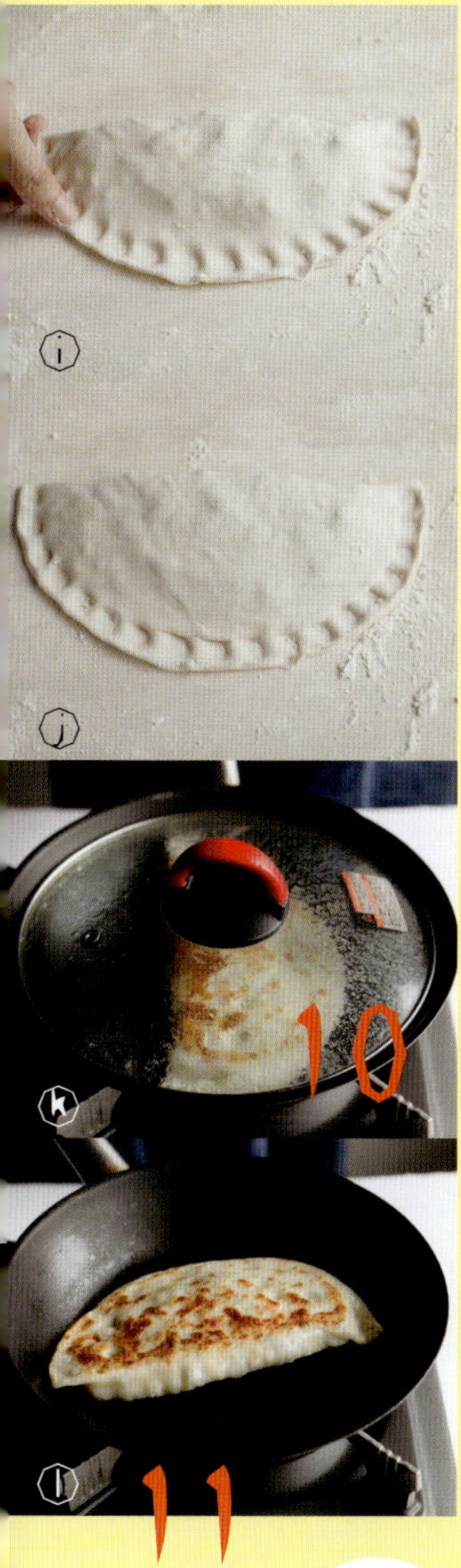

同じ
生地で
もう一品！

豆腐捲はP159へ

同じ生地でもう一品！

焼餅と同じ生地で

【鹹酥餅《シェンスービン》】

●材料（1個分）

P135参照。

●作り方

①生地を掌で押して伸ばす。やや厚めに（ⓐ、ⓑ）。

②ラードに塩を混ぜたものを生地にのせ、その上にネギをたっぷりのせて包む（ⓒ、ⓓ、ⓔ、ⓕ）。

③包んだ口を下にして掌で押してつぶす（ⓖ、ⓗ）。

④焼き方は焼餅（P154）と同じ。

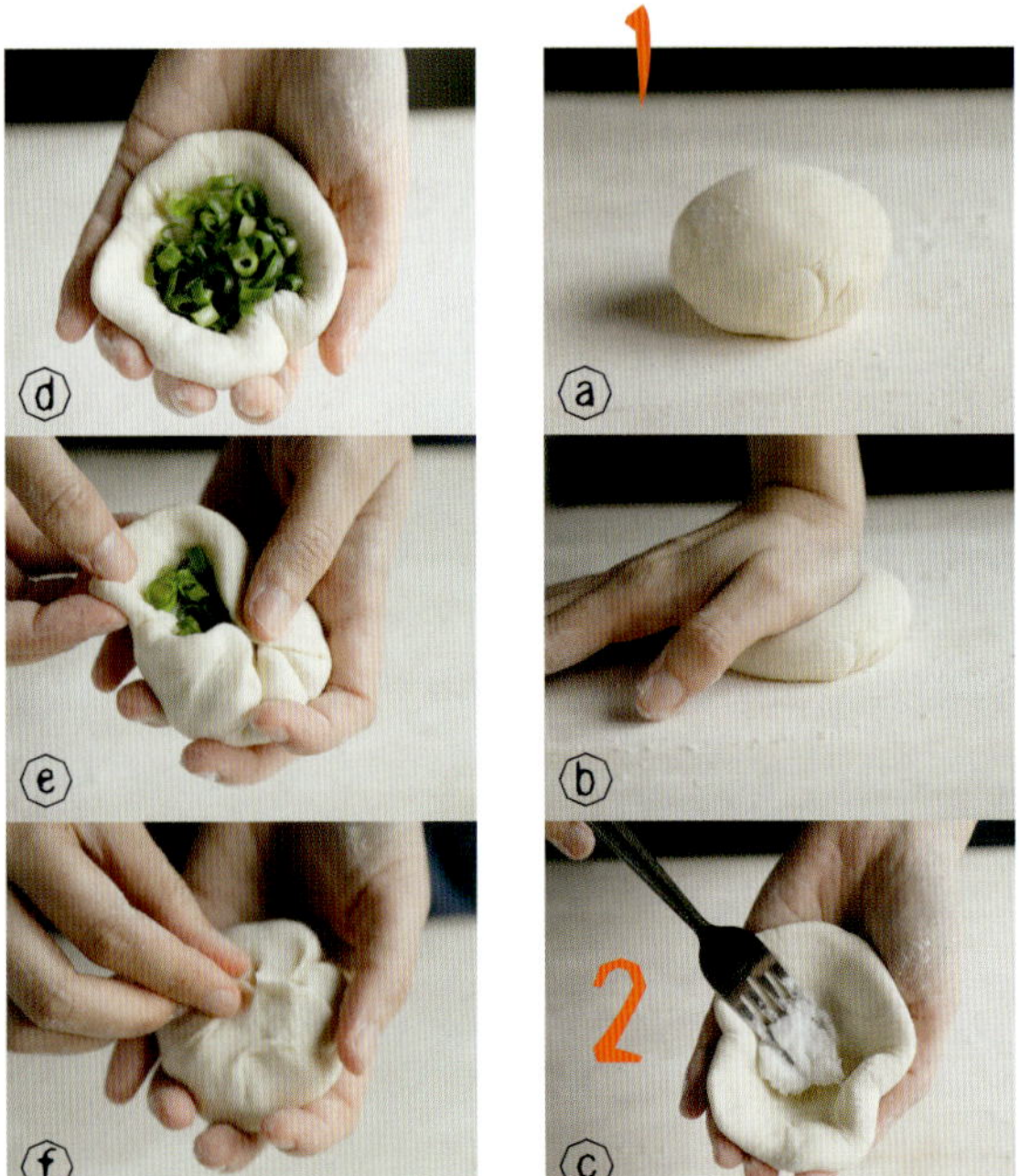

（完成！）

韭菜盒と同じ生地で

【豆腐捲《ドウフージュエン》】

●材料（1個分）

P102参照。

●作り方

①生地を伸ばすところまでは韭菜盒（P156）と同じ。

②具材を中央にのせる（ⓐ）。

③生地の手前をカットし、その切り口が上にくるように包む（ⓑ、ⓒ、ⓓ、ⓔ）。

④左右の生地をきれいに切り落として切り口をしっかり押さえて接着する。左右の生地はギリギリでカットした方が、食べたときにすぐに具材に行き着くのでおいしい（ⓕ、ⓖ、ⓗ）。

⑤焼き方は韭菜盒（P156）と同じ。

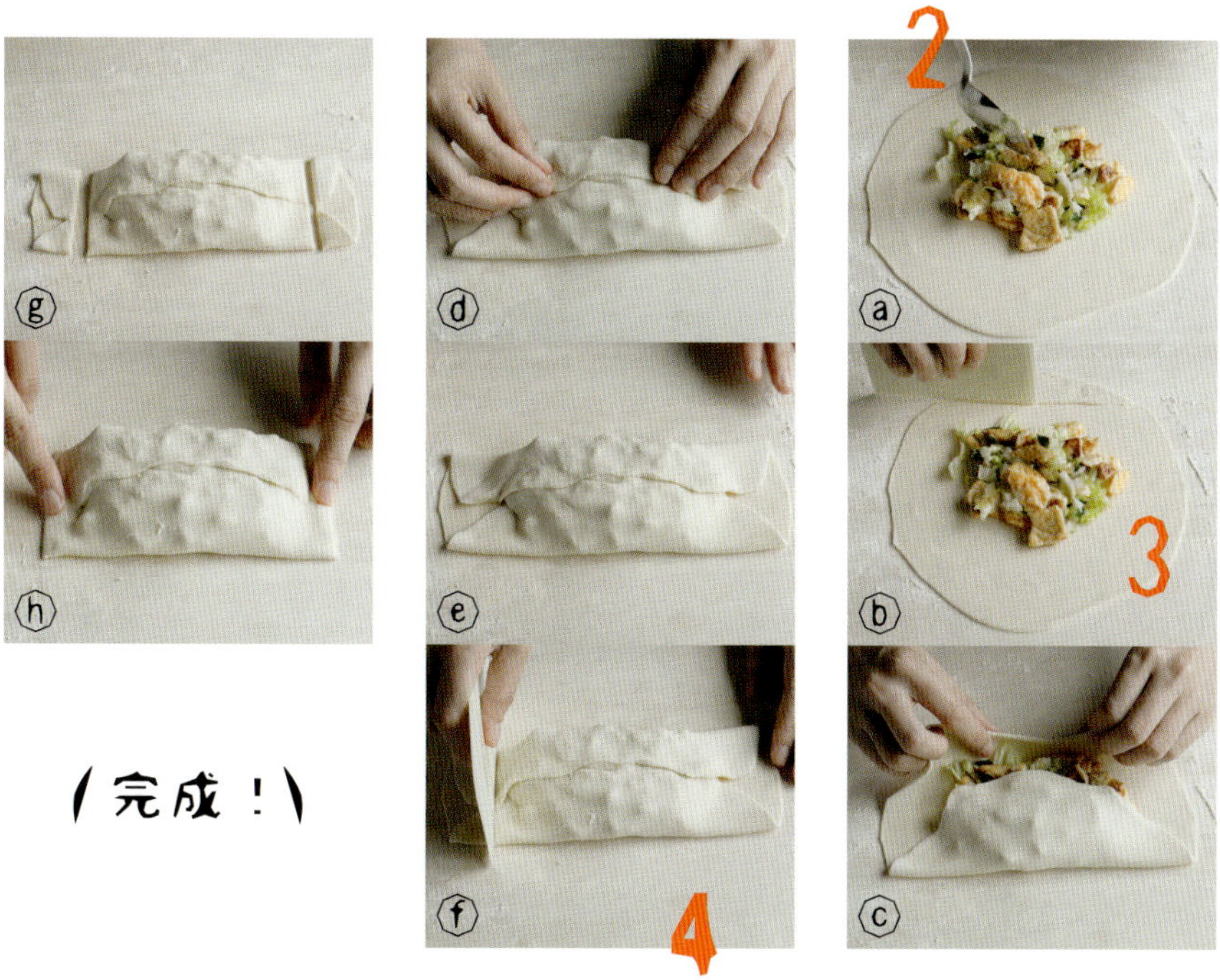

完成！

【饅頭《マントウ》】

●調理例…P29

●材料（小さめ3〜4個分）

薄力粉　100g
強力粉　100g
ぬるま湯
　120〜130mℓ
ドライイースト　小さじ½
砂糖　大さじ1〜2
塩　少々

●作り方

①〜⑤はP148〜149の手順通りに。ただし手順①のときに塩、砂糖、ドライイーストも入れて混ぜること。生地はボウルにラップをして15分ほど寝かせる（ⓐ、ⓑ）。
⑥台の上に打ち粉をして、寝かせておいた生地を置き掌で軽く押す（ⓒ、ⓓ）。
⑦麺棒で厚さ5㎜前後に伸ばす（ⓔ、ⓕ、ⓖ）。
⑧端からクルクル巻いて棒状にする（ⓗ、ⓘ）。
⑨それをお好みのサイズにカットする（ⓙ、ⓚ）。
⑩耐熱性の皿の上にクッキングシートを敷き⑨をのせ、この状態で30分ほど置く（ⓛ）。
⑪大きな鍋に耐熱性の高さのある器（ここではごはん茶碗）を置き、水を器より上にこないくらいまでたっぷり入れる（ⓜ）。
⑫⑪の器の上に饅頭をのせた皿を置き、フタをして中火で15分ほど蒸す（ⓝ、ⓞ）。

ひとくちメモ

・蒸すときは生地をあまりキツキツに皿の上にのせるとくっついてしまうので、ある程度余裕を持たせて。
・蒸している途中鍋の水がなくなって空焚きにならないように注意！　まめに確認をして水が減っていれば足す。

編　味はやや甘めが台湾らしい雰囲気。翌日電子レンジで温めても食べられる！

1
a
b
6
c
d
e
7
f
g
h
8
i
j
9
k
10
l
11
m
12
n
o

【包子《バオズ》】

●調理例…P96、97

●材料（大きめ2個分）

薄力粉　50g
強力粉　50g
ぬるま湯　60〜70㎖
ドライイースト　小さじ½
砂糖　少々
塩　少々

●作り方

①〜⑤はP148〜149の手順通りに。ただし手順①のときに塩、砂糖、ドライイーストも入れて混ぜること。生地はボウルにラップをして1〜1時間半ほど寝かせる（ⓐ、ⓑ）。
⑥台の上に打ち粉をして、寝かせておいた生地を半分にする（ⓒ、ⓓ、ⓔ）。
⑦軽く掌で押し、さらに麺棒で直径12〜15㎝ほどに伸ばす（ⓕ、ⓖ、ⓗ）。
⑧生地に具材を入れ、包む。中央につまむようにして寄せていくと楽（ⓘ、ⓙ、ⓚ）。
⑨耐熱性の皿の上にクッキングシートを敷き、その上に⑧をのせる（ⓛ）。
⑩大きな鍋に耐熱性の高さのある器（ここではごはん茶碗）を置き、水を器より上にこないくらいまでたっぷり入れる（ⓜ）。
⑪⑩の器の上に包子をのせた皿を置き、フタをして中火で15分ほど蒸す（ⓝ、ⓞ）。

ひとくちメモ

・生地は1つ50〜60g程度が目安。作例は大きめ2つにしたけれど、これを3つにすると食べやすいサイズになる。
・蒸している途中鍋の水がなくなって空焚きにならないように注意！　まめに確認をして水が減っていれば足す。

編　包子は中に具材を入れるので饅頭より甘さ控えめ、味薄めがいい感じ。

1
a
b
6
c
d
e
7
f
g
h
8
i
j
k
9
l
10
m
11
n
o

オマケ

【葱油餅《ツォンヨウビン》】

●材料（2～3枚分）

薄力粉　50g
強力粉　50g
ぬるま湯　60～70ml
ネギ　お好み
塩　お好み
サラダ油　適量
水　適量

●作り方

①～⑤はP148～149の手順通りに。生地はボウルにラップをして20～30分寝かせる。その間にネギに塩を混ぜて味をつけておく。
⑥台の上に打ち粉をして、寝かせておいた生地を置き掌で軽く伸ばす（ⓐ）。
⑦麺棒で薄く伸ばしていく（ⓑ）。
⑧伸ばした生地の表面全体にサラダ油を塗る（ⓒ）。
⑨塩味をつけておいたネギを全体にまぶす（ⓓ）。
⑩端からクルクルと巻いて棒状にする（ⓔ）。
⑪棒状にした生地を半分にカットし、切り口をつまんで閉じる（ⓕ、ⓖ、ⓗ、ⓘ）。
⑫それを縦に持ち、ぞうきんを絞る要領で上下互い違いにねじる（ⓙ、ⓚ）。
⑬ねじった生地をさらに手で圧縮する（ⓛ）。
⑭台の上に生地を置いて麺棒で薄く伸ばしていく（ⓜ、ⓝ）。
⑮熱したフライパンにサラダ油を引き、フタをしながら両面を焼き色がつくまで焼く。途中で少し水を差して蒸気で蒸し焼きに。水気がなくなったら完成（ⓞ）。

＼ひとくちメモ／

パンやごはん代わりに主食としてどうぞ。これだけおやつとして食べてもいい感じ。

編　カラリと仕上げたいならサラダ油は少なめで。

6
a
7
b
8
c
9
d
10
e
11
f
g
h
i
12
j
k
13
l
14
m
n
15
o

ないなら作っちゃえ！ 調味料チャレンジレシピ

台湾特有の味わいをした調味料たちは、朝ごはんにおける"台湾らしい味"への縁の下の力持ち。これがあるからあの味がある、といっても大げさではない面々だけれど、日本で手に入れるのは少し骨が折れる。だったら作っちゃえ！ ということで、いろいろリサーチしてチャレンジした結果のレポート。

チャレンジ① 【雪裡紅《シュエリーホン》】

からし菜の漬けもの。炒めものや包子など、料理の具材としても。

●材料

チンゲンサイ　2～3株

塩　適量

●作り方

①チンゲンサイをよく水洗いし、水気をきっちり拭き取っておく。

②たっぷりの塩をチンゲンサイに揉み込む。葉がしんなりとして色が濃く変わってくるまでしっかり、ガシガシと。

③塩揉みしたチンゲンサイを、器かビニール袋に入れて一晩寝かせたら完成。

ひとくちメモ

・台湾の雪裡紅はからし菜が使われているが、チンゲンサイやアブラナ、水菜などでも代用可能。

・料理などに使うときは塩を洗い流して水をしぼってから使う。

チャレンジ②

【醤油膏《ジャンヨウガオ》】

●材料
しょうゆ　30㎖
水　50㎖
砂糖　小さじ1〜2
片栗粉　小さじ1〜2

●作り方
①片栗粉を少しの水で溶いておく。
②しょうゆと残りの水、砂糖を鍋に入れて弱火で煮る。
③砂糖が溶けたら①の水溶き片栗粉を入れて、トロミがついたら完成。

トロッとした甘みのある台湾のしょうゆ。玉子焼きや蛋餅でも活躍。

ひとくちメモ
・すぐ温まるので焦げないように注意。
・コーラや氷砂糖を使って作る人も。

チャレンジ③

【美乃滋《メイナイジー》】

台湾のマヨネーズ。甘さが特徴的で、サンドイッチのバター代わりにもよく登場。

●材料
マヨネーズ　大さじ1
ガムシロップ　½〜1個

●作り方
①マヨネーズにガムシロップを入れ、よく混ぜて完成。

ひとくちメモ
・マヨネーズはカロリーカットのものを使った方が、味が軽くてベター。通常タイプのものだとマヨネーズの味が強くて甘さが負けてしまう。
・卵と酢、油、レモン汁、砂糖でマヨネーズから手作りするのもあり。
・ガムシロップの量はお好みでご調整を。

チャレンジ④【肉鬆《ロウソン》】

豚肉のでんぶ。サクサク、ふんわり、肉の旨味と甘さがすばらしくおいしい台湾フードながら旅行で持ち帰るのは動物検疫センターでの検査が必要で、ちょっと面倒。これが作れたら夢のよう……！ということでレッツチャレンジ。ちなみに台湾語呼びでは「バアソ」という。

●材料

A
- 豚肉（脂身の少ない厚みのあるもの）　140g
- ショウガスライス　2〜3片
- 料理酒　50mℓ
- 水　鍋に入れた豚肉が浸るくらい

- しょうゆ　小2〜大1
- 砂糖　大1〜2
- サラダ油　小1〜2
- 白ゴマ　お好み

●作り方

①豚肉を1〜2cm角に切る。
②Aを鍋に入れて沸騰させ、アクを取る。アクを取ったら弱火で約1時間煮る。
③肉を取り出し水気をよく切る（ⓐ）。
④肉をキッチンパックなどの袋に入れて、麺棒で薄く伸ばしていく（ⓑ、ⓒ、ⓓ、ⓔ）。
⑤薄く伸ばした肉をボウルに入れ、フォークを2つ使ってさらにほぐす。（ⓕ、ⓖ、ⓗ、ⓘ）
⑥肉がよくほぐれたら、フライパンにサラダ油を引いて10〜15分ほど炒める。焦げないよう気をつけて（ⓙ）。
⑦ほぼ炒められたらしょうゆと砂糖で味つけをし、最後に白ゴマを加えて完成。

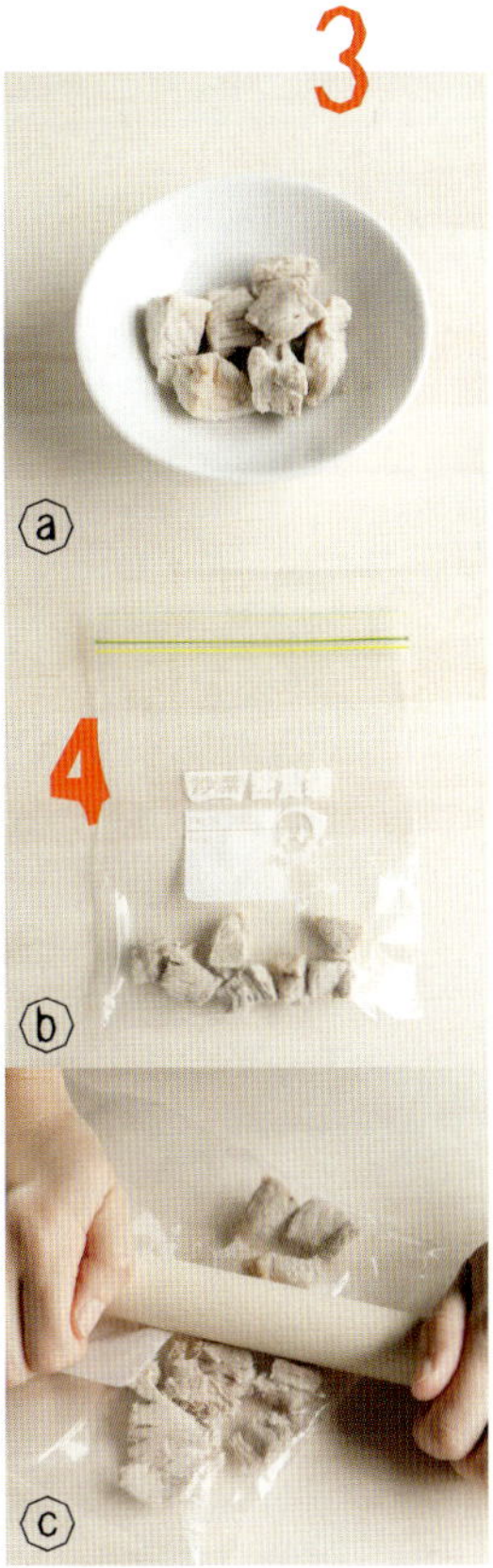

\ 完成！/

\ ひとくちメモ /

・豚肉はカレー用の角切りになったものを使えば切る手間が省けて便利。
・肉のほぐし具合や味つけはお好みで。甘めがおいしい。
・手で肉をほぐすので既製品のようにふわふわに仕上げるのは、正直いって至難。ただ手作りならではのざっくり感はまた違った魅力がある。噛めば噛むほど肉の旨味が出てくるので調味料としても秀逸。
・肉を茹でたあとの汁はショウガがきいていて、スープとして飲んでもウマし。

これは買い！

台湾で入手したい調味料7選

日本ではなかなか手に入らないけれど、あるといろいろな料理に使えて便利な調味料がコチラ。すべて台北市内のスーパーで購入した。

【瓜仔《グァズ》】

ウリの漬けもの。ウリの種類はメーカーによってさまざま。この缶詰は花瓜（花がついている状態の若いウリ）を使用。しょうゆ、砂糖で味つけされ、甘くてコクがある。ごはんと、調味料として、酒のアテにも最高。

✦使用ページ P16

【紅糟《ホンザオ》】

紅麹、水、米、塩、砂糖を混ぜて発酵させたもので、鮮やかな赤は天然。塩麹のように肉に揉み込んで使うのが一般的。紅焼肉に使われることもあり、色以外に旨味や香りも増す。売っているところは結構少なかった。

✦使用ページ P51

【蝦皮《シャーピー》】

干しエビのこと。蝦米、蝦仁など台湾ではいろいろな種類の干しエビがあるが、この蝦皮は一度煮たエビを干したもので、塩気が強めで見た目が白っぽい。キャベツ、白菜などの野菜や麺といっしょに炒めるとおいしい。

✦使用ページ P77

油蔥酥《ヨウツォンスー》

紅蔥頭（ホンツォントウ：台湾エシャロット）を揚げたもので、魯肉飯など台湾料理の味の決め手として使われるおなじみの食材。料理やスープに加えてよし、麺の仕上げに足してもよしの万能性。こだわり店は手作り。

✦使用ページ P142

木薯粉《ムーシューフェン》

キャッサバという芋のデンプンで、粉状だが小さな粒々がしっかりあるのが特徴。揚げものの衣にするとサクッと仕上がる。紅焼肉に使われていたりする。別名「地瓜粉」（ディーゴァフェン）、「蕃薯粉」（ファンシューフェン）。タピオカの原料。

✦使用ページ P50、51

美乃滋《メイナイジー》

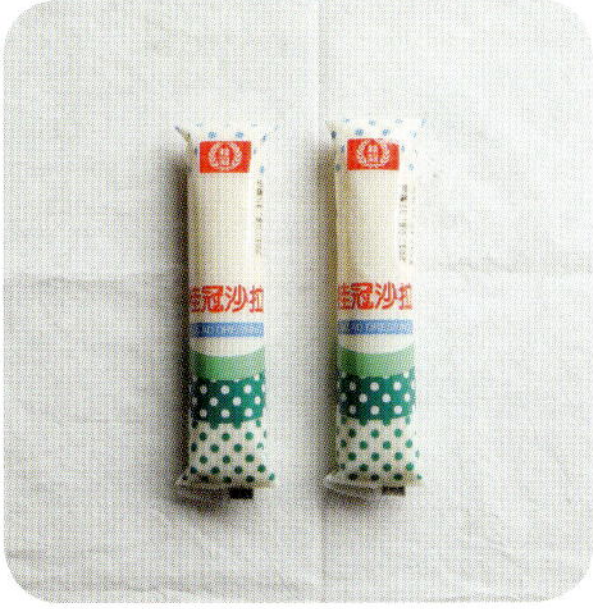

台湾マヨネーズ。台湾のものは砂糖が入っていて甘い。サンドイッチのバター代わりに使ったり、新タケノコにかけてサラダ仕立てで食べるのも台湾ならでは。小さいサイズも売っているのでおみやげにもピッタリ。

✦使用ページ P36、56、62、68、128

黒胡椒醤《ヘイフージャオジャン》

ブラックペッパーソース。かなりコショウが効いたバーベキューソースのようなもので、台湾の焼きそばやステーキの味つけとしてポピュラーな存在。夜市のステーキ屋さんでもよく見かける。肉や野菜炒めの調味にも。

✦使用ページ P57

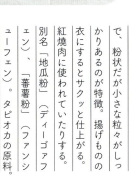

燒餅夾蛋 35
油條 17
鹹酥餅 25
甜酥餅 25
蛋餅 20
甜豆漿 小 大 17 22
鹹豆漿 20
冰豆漿 大 小 25 20
米漿 大 小 22元 17元
冰米漿 20元
每週三休息

CP 8422
ANA 1562
ABD 8318

核准市區免稅商店
市區預購
機場提貨
errich 昇恆昌
昇恆昌內湖旗艦店
台北市內湖區金莊路129號
昇恆昌市區民權店
台北市中山區民權東路三段72號B1
駕駛員
王維鈴
-27460550 公路總局0800231035
0385-YD
強力媒體25288919
遠雄 Farglory

臺北
國稅局檔案資料庫

ちょっと一息

朝ごはんを楽しみ尽くすための、宿選びメモ

せっかくの台湾旅行、どうせならとことん朝ごはんを楽しむことを重視して宿を選んでみるのも乙なもの。

「キッチン付きホステル」で現地食材をも楽しみ尽くす！

いろいろな朝ごはん屋さんで食事をしていると、これなんだろう？　と思うものに出会うこともしばしば。そんなとき店の人に尋ねると往々にして台湾独自の食材だったりする。それが調味料や漬けものなら買って帰ればいいけれど、肉や野菜はそれができない。けれども市場を歩いていると、気になる見たこともない野菜や果物がたくさんある。同じイモやウリでも日本とは種類が違って、もちろん味も違うのだ。そんな気になる存在たちもキッチン付きのホステルならお試し可能。あの店の感じどうだったかな……と台湾であれこれ楽しめるのはキッチン付きならではだ。食べきれなかった料理を持ち帰って翌日レンジでチンすれば無駄にすることもない。まさにいいこと尽くめ。

たとえばココ！

Star Hostel Taipei East

✦台北市大安區忠孝東路四段147巷5號3樓
電話：（02）2721-8225
https://www.starhosteleast.com/
✦地図　P184 Ⓐ

ＭＲＴ忠孝敦化駅から徒歩１分！　お洒落な店やカフェがたくさんありながらも古い味のある面影も残る東區に位置し、台北市内観光からナイトライフまで一日中楽める立地。カジュアルシンプルなデザインで、キッチンのあるロビーはほどよくシックで居心地がよい。土足厳禁で館内清潔、タオルレンタルや洗濯機があったりして利便性もばっちり。

上左から　ネイビーを基調としたロビーはシックで落ち着く。／こぢんまりとして使いやすいキッチン。
中左から　スタイリッシュでシンプルな部屋。／ロビー窓辺も心地よい。／外観。
下左から　水回りも清潔。／洗濯機があるのはうれしい限り！／隠れ家的な入り口に気分が上がる！

たとえばココ！

Star Hostel Taipei Main Station

台北駅近くにあり、徒歩圏内に市場や朝ごはん屋さんなど見所もたくさん。たとえばP10で紹介した「清粥小菜」へは徒歩約12分。寧夏夜市や迪化街へも徒歩で行けるというすばらしい立地だ。MRT桃園空港線台北駅からも近いので、空港を利用する際にも便利。

✦台北市大同區華陰街50號４樓
電話：（02）2556-2015
https://www.starhostel.com.tw/
✦地図　P185 Ⓑ

アクセス重視で楽しみ尽くす！

たとえばココ！
Apartment 10F

とにかく
どっぷり、
暮らすように
楽しみ尽くす！

台北駅近くで交通も生活も観光も便利なアットホームなホステル。ドミトリーはもちろん、さまざまなタイプの部屋があり滞在スタイルに合わせてセレクト可能。

✦台北市大同區重慶北路一段１號10樓之１（名城大廈）
電話：（02）2559-7605
http://apt10f.com/
✦地図　P185 Ⓑ

たとえばココ！
SHAREHOUSE132

ＭＲＴ中山駅近く、新光三越の裏手という至便の場所にある長期滞在向けシェアハウス。詳細はホームページでご覧あれ。

✦台北市中山區中山北路一段132號２樓
電話：（02）2567-2106
http://sharehouse132.weebly.com/
✦地図　P185 Ⓑ

朝ごはんマップ

本書で紹介した店は
すべて台北市内。
近いところは
ハシゴするのもアリ！

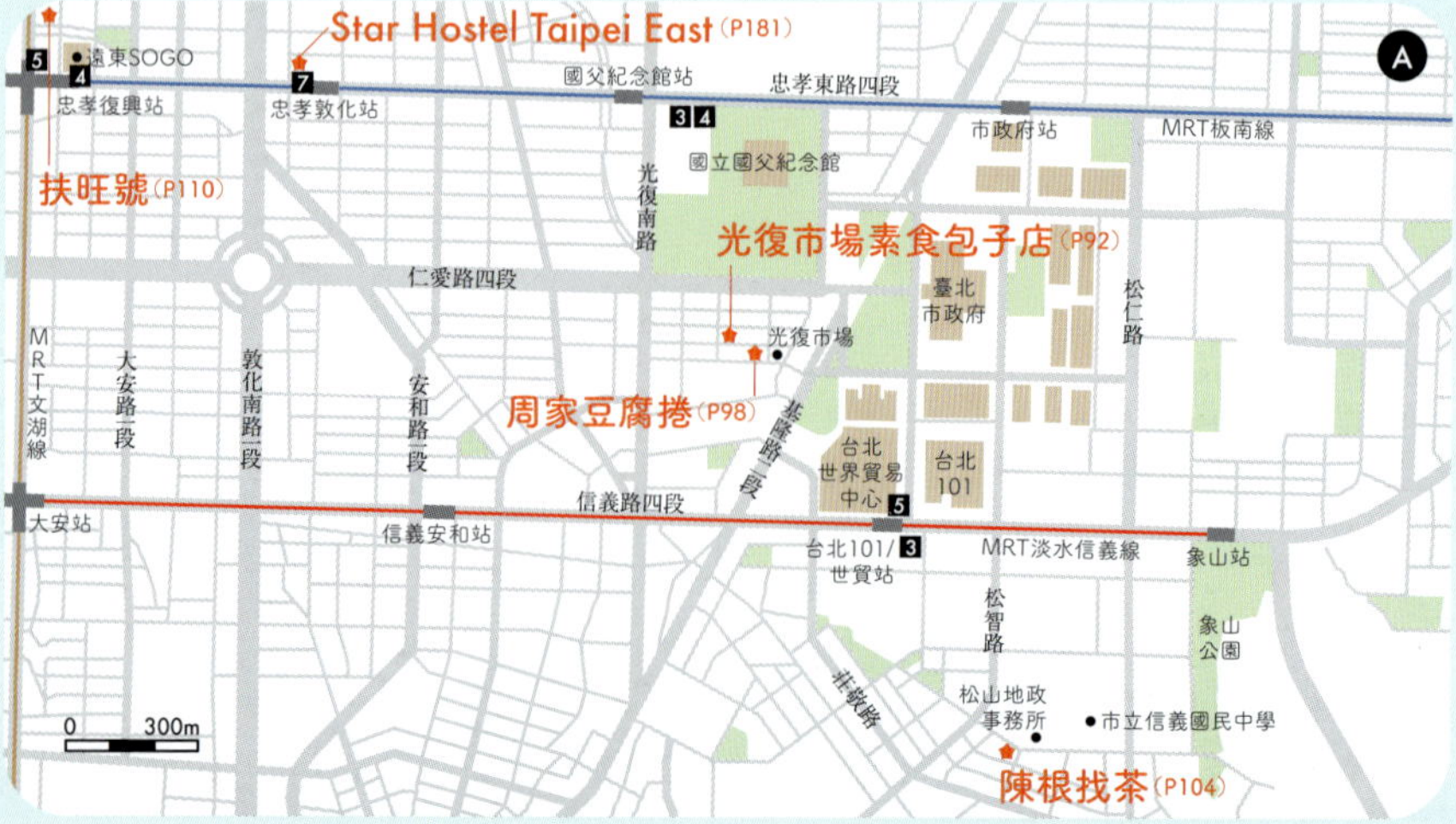

B
大同國小
晴光市場
阿香三明治(P58)
大橋頭站
2
民權西路
9
8
民權西路站
中山國小
喜多士豆漿店(P72)
行天宮
1
3
中山國小站
永樂國民小
太平國民小
葉家肉粥(P46)
涼州街
林華泰茶行(P70)
大稻埕慈聖宮天上聖母
延平北路二段
重慶北路二段
承德路二段
中山北路二段
林森北路
新生北路二段
吉林路
行天宮站
4
永盛公園
馬偕紀念醫院
大稻埕公園
雙連站
1
民生西路
何家油飯(P38)
中安公園
MRT淡水信義線
可蜜達Comida炭烤吐司(P124)
MRT中和新蘆線
可米元氣漢堡(P52)
永樂市場
建成公園
南京西路
清粥小菜(P10)
中山站
3
康樂公園
林森公園
南京東路二段
MRT松山新店線
松江南京站
Star Hostel Taipei Main Station(P182)
SHAREHOUSE132(P183)
長安西路
華陰街
北門站
3
2
市民大路
台北車站
台北車站
M2
烤司院(P32)
華山公園
逸仙公園
MRT板南線
Apartment 10F(P183)
台北車站
0
300m

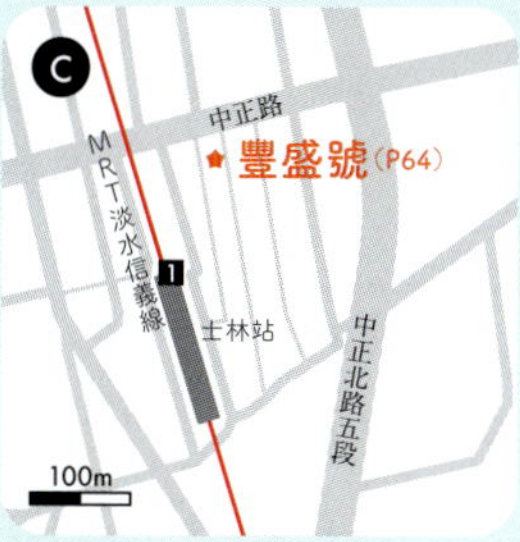
C
中正路
豐盛號(P64)
MRT淡水信義線
1
士林站
中正北路五段
100m

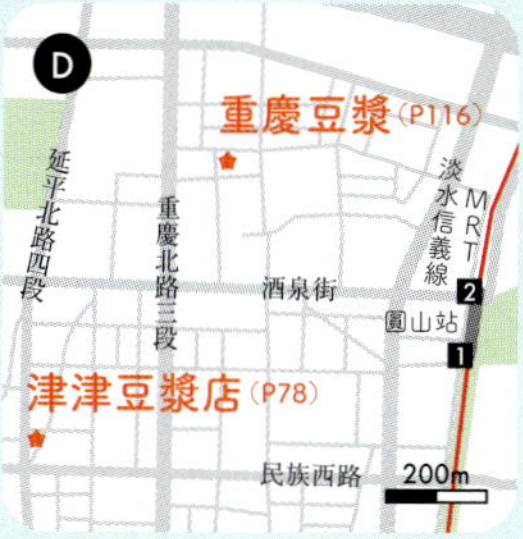
D
重慶豆漿(P116)
延平北路四段
重慶北路三段
MRT淡水信義線
酒泉街
2
圓山站
1
津津豆漿店(P78)
民族西路
200m

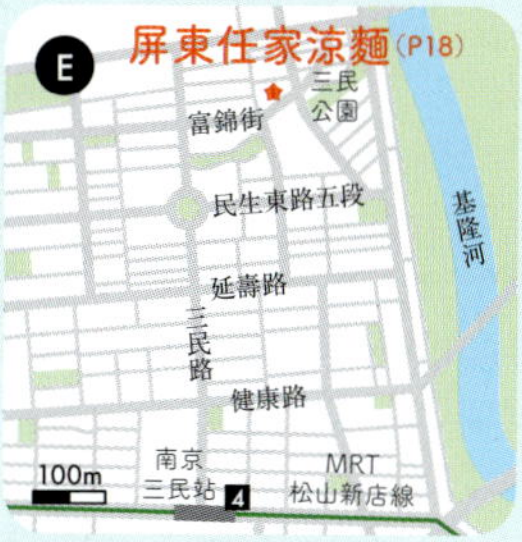
E
屏東任家涼麵(P18)
三民公園
富錦街
民生東路五段
基隆河
延壽路
三民路
健康路
100m
南京三民站
4
MRT松山新店線

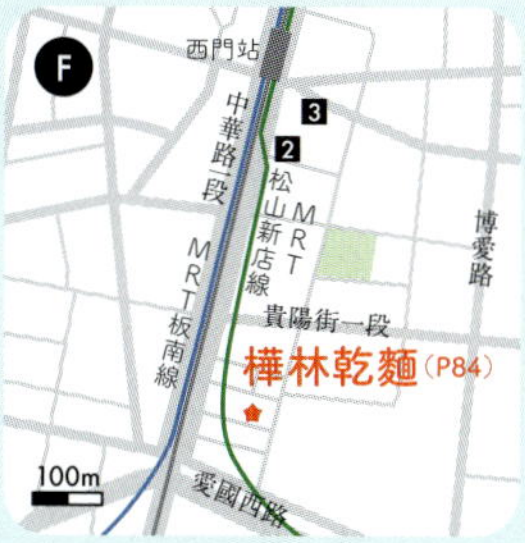
F
西門站
中華路一段
3
2
松山新店線 MRT
MRT板南線
博愛路
貴陽街一段
樺林乾麵(P84)
100m
愛國西路

G
中正紀念堂
MRT淡水信義線
2
東門站
羅媽媽米粉湯(P138)
愛國東路
中正紀念堂站
新鮮豆漿店(P24)
MRT中和新蘆線
金華街
金山南路二段
MRT松山新店線
潮州街
6
和平東路一段
200m
古亭站

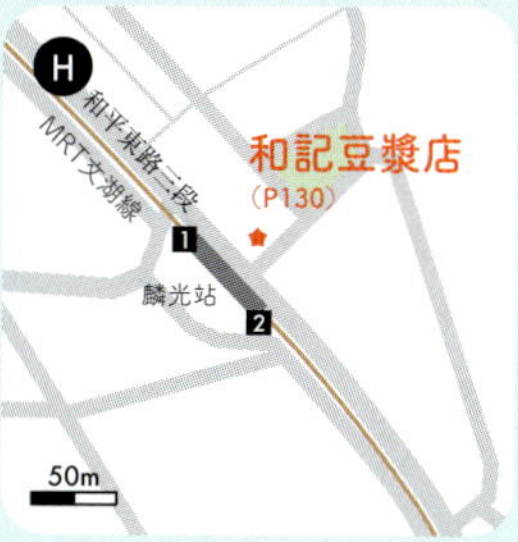
H
和平東路三段
MRT文湖線
和記豆漿店(P130)
1
麟光站
2
50m

これであなたも地元っ子！

朝ごはんカスタマイズ語録

朝ごはん店で地元の人たちが注文しているのを聞いていると、よく聞こえてくる単語がある。それはふたつの「ジァー」。これを使いこなせばちょっと地元っ子気分!? 少し意味がわかると、食堂で耳を澄ませるのがより楽しくなってくる！

ひとつ目の「ジァー」は、「挟む」という意味の「夾」

何に 夾《ジァー》 **何を**

例）饅頭夾蛋（マントウジァーダン…台湾蒸しパンの玉子焼き挟み）
焼餅夾油條（サオビンジァーヨウティァオ…サオビンの揚げパン挟み）

●「何に」によく使われる単語

饅頭（マントウ…台湾蒸しパン）
焼餅（サオビン…ナンのようなもの）

●「何を」によく使われる単語

蛋（ダン…玉子焼き）　油條（ヨウティァオ…揚げパン）
火腿（フォトゥイ…ハム）　培根（ペイガン…ベーコン）
起士（チースー…チーズ）

メモ

店に白い饅頭と黒い饅頭（黒糖饅頭）がある場合はまれに、「白頭蛋」（バイトウダン）、「黒頭蛋」（ヘイトウダン）と「夾」を略して言うことも。

ふたつ目の「ジァー」は、「加える」という意味の「加」

加《ジァー》 何を

例）
加辣（ジァーラー…辛さを加える）
加糖（ジァータン…砂糖を入れる。豆乳などを注文するときに）
加蛋（ジァーダン…卵追加。鹹豆漿や抓餅などを注文するときに）

●「何を」によく使われる単語

辣（ラー…辛い調味料）　糖（タン…砂糖）　蛋（ダン…卵）

メモ

ちなみに「加」を「不要」（ブーヤオ）にすると「～しないでください。～はいりません」という意味になる。たとえば「不要辣」（ブーヤオラー：辛くしないでください）など。辛さについては店の人からもよく「要不要辣」（ヤオブヤオラー：辛くする？）と聞かれるので、そう聞かれたら「要」（ヤオ：する）、「不要」（ブーヤオ：いらない）と伝えよう。

そのほか知っていると便利なフレーズ

●注文時、まず伝えること

・内用（ネイヨン…ここで食べます）
・外帯（ワイタイ…テイクアウトです）

●もし、食べきれなくて持ち帰りたい場合は

・可以打包嗎？（カァイーダーバオマ…持ち帰りできますか？）

メモ

持ち帰りOKのところは袋やパックに入れて用意をしてくれる。食べものを無駄にしなくてすむうれしいシステム。包んでもらったら「謝謝」（シエシエ：ありがとう）をお忘れなく！

★パンもの

★粉もの

★米もの

★麺もの

★おかず

★スープ

特約店家
大成
大豆沙拉油
Butterfly

今天吃什麼呢？
（今日なに食べよ？）
燙髮
養生豆花

企画 ★ 台湾大好き編集部
撮影 ★ 野村正治
編集 ★ 十川雅子
コーディネート ★ 細木仁美
装丁・デザイン ★ 三上祥子（Vaa）
マップ制作 ★ 齋藤直己、清水知雄（マップデザイン研究室）
校正 ★ 中野博子
協力 ★ Star Hostel、台北ナビ

感謝台灣的朋友、真心感謝百忙之中接受採訪的大家、還有感謝不盡！感謝採訪的所有店面的各位。

おいしい朝食スポット20と、簡単ウマい！思い出再現レシピ
台湾の朝ごはんが恋しくて　　NDC 596

2018年1月15日　発　行
2018年5月10日　第2刷

編　者　台湾大好き編集部
発行者　小川雄一
発行所　株式会社 誠文堂新光社
　　　　〒113-0289　東京都文京区本郷3-3-11
　　　　［編集］電話 03-5800-3614
　　　　［営業］電話 03-5800-5780
　　　　http://www.seibundo-shinkosha.net/

印刷所　株式会社 大熊整美堂
製本所　和光堂 株式会社

©2018, Seibundo Shinkosha Publishing Co.,Ltd.
Printed in Japan
検印省略
万一落丁、乱丁本は、お取り替えいたします。本書掲載記事の無断転用を禁じます。また、本書に掲載された記事の著作権は著者に帰属します。これらを無断で使用し、展示・販売・レンタル・講習会を行なうことを禁じます。

本書のコピー、スキャン、デジタル化等の無断複製は、著作権法上での例外を除き、禁じられています。本書を代行業者等の第三者に依頼してスキャンやデジタル化することは、たとえ個人や家庭内での利用であっても、著作権法上認められません。

〈JCOPY〉〈（社）出版者著作権管理機構 委託出版物〉
本書を無断で複製複写（コピー）することは、著作権法上での例外を除き、禁じられています。本書をコピーされる場合は、そのつど事前に、（社）出版者著作権管理機構（電話 03-3513-6969／FAX 03-3513-6979／e-mail:info@jcopy.or.jp）の許諾を得てください。

ISBN978-4-416-71717-2